La Présentation Minute

Décrivez votre entreprise
de marketing de réseau
comme un Pro

KEITH & TOM « BIG AL » SCHREITER

La Présentation Minute
© 2018 par Keith & Tom « Big Al » Schreiter

Publié par Fortune Network Publishing
PO Box 890084
Houston, TX 77289 USA
Telephone +1 (281) 280-9800

ISBN-10 : 1-948197-14-6
ISBN-13 : 978-1-948197-14-4

TABLE DES MATIÈRES

PRÉFACE

Comment une simple publicité de 15 ou 30 secondes arrive-t-elle à nous décrire et nous convaincre d'acheter un produit ?

Et pourquoi avons-nous besoin d'une présentation de 15 ou 30 minutes pour vendre notre produit ou notre opportunité de marketing de réseau ?

La réponse est simple : la publicité utilise un langage de type « commercial » très spécifique. En utilisant des mots et phrases clés, ils arrivent à transmettre leur message en quelques secondes. Nous ne connaissons pas ce vocabulaire commercial. Nous en ignorons même l'existence.

Qu'utilisons-nous ? Le langage « social ». Pourquoi ? Parce que c'est ce qu'on nous a enseigné à l'école. On nous préparait à occuper… des emplois !

Voici la mauvaise nouvelle. Nous sommes en concurrence directe avec la publicité… et notre petit langage social primitif de réseauteur n'est pas de taille à rivaliser.

Ceci dit, la bonne nouvelle est que nous pouvons apprendre ce langage commercial afin de concurrencer la publicité qui bombarde notre quotidien.

Tout le monde peut être positif et sourire toute la journée. Les prospects nous trouveront sympathiques. Mais, si l'on continue à utiliser un langage social, les prospects ne joindront jamais les rangs de notre entreprise.

Si nous voulons exceller en marketing relationnel, nous devons apprendre les mots et les phrases clés. Le langage commercial fonctionne. Et puisque nous sommes en affaires, nous devons commencer à apprendre ce langage commercial maintenant.

QUELS MOTS CHOISIRONS-NOUS LORS DE NOS PRÉSENTATIONS ?

Avoir une bonne attitude, être positif, créer un tableau de visualisation, établir des objectifs et être super motivé est bien. Mais à un certain moment, nous devrons **dire quelque chose** !

Savoir créer une connexion, arriver à briser la glace et fermer la vente est certes des compétences importantes. Mais qu'allons-nous dire lorsque viendra le moment de faire notre présentation à un prospect ?

Allons-nous lire des rapports de recherches, naviguer dans une présentation PowerPoint, mitrailler des statistiques et jeter notre prospect dans un profond coma ? Ou encore, dirons-nous à nos prospects exactement ce qu'ils désirent savoir afin qu'ils se sentent apte à prendre une décision éclairée ?

L'information n'est PAS le facteur déterminant dans la décision de notre prospect. Surpris ? Oui. Nous allons élaborer sur ce fait dans le présent livre. Mais pour l'instant, nous souhaitons créer des présentations dignes d'intérêt. Nous souhaitons rendre service à notre prospect plutôt que l'ennuyer.

Est-ce que la tâche de faire des présentations est intimidante pour les nouveaux distributeurs ? Bien sur. Entendre les fous-rires de leur tante pendant qu'ils expliquent le plan de rémunération est plutôt humiliant. Sans compter le fait de devenir une source de moquerie perpétuelle aux réunions de famille. La plupart d'entre-nous n'avions pas d'expérience professionnelle dans le domaine de la vente à notre entrée dans le marketing de réseau. Alors durant les premiers pas, presque chaque étape peut occasionner stress et hésitation.

Voici la bonne nouvelle. Les présentations sont simples à faire. Si nous apprenons seulement quelques compétences nouvelles, le volet présentation peut devenir agréable pour tout le monde.

Alors démarrons. Grâce aux quelques découvertes qui suivent, les présentations pourront devenir la compétence la plus puissante de notre coffre à outils en marketing relationnel.

UNE HISTOIRE AVEC UNE FIN HORRIBLE.

C'était en 1972. Le cerveau bondé de formules mathématiques et de connaissances en physique, je décidais de plonger dans une toute nouvelle profession : le marketing de réseau.

Mes études en ingénierie ont éveillé en moi une soif insatiable d'**informations**. J'adorais l'information. Je collectionnais l'information. J'étudiais l'information. Je classais l'information. J'étais un intello.

Certains diront que c'est presque un pré-requis pour étudier l'ingénierie. Vous devez sacrifier toute vie sociale et interactions avec les autres être humains. Pourquoi ? Pour libérer votre agenda afin de pouvoir mémoriser encore plus... d'informations !

À mes ateliers, je demande souvent aux participants : « Avez-vous déjà rencontré un ingénieur ? » Tout le monde lève la main. Je leur explique : « Nous sommes des gens ennuyants, sans personnalité ni charisme, défaillants sociaux, et nous ne devrions jamais être mélangés à la population. »

Bien entendu, c'est une caricature légèrement amplifiée, mais tout le monde rigole. Les participants réalisent que les ingénieurs doivent acquérir certaines compétences sociales élémentaires afin de survivre en marketing de réseau.

Ce qu'il y a de fantastique par contre avec les ingénieurs, c'est que nous comprenons tout de suite le marketing de réseau. On comprend la progression géométrique car nous avons des feuilles de calculs intégrées dans nos cerveaux. Nous saisissons donc le potentiel du plan de rémunération du premier coup.

Malheureusement, nous ne pouvons pas ériger et faire fonctionner une organisation en marketing de réseau. Pourquoi ? Pace que nous n'avons pas la compétence naturelle de communiquer avec les autres.

Nous voyons bien le potentiel mathématique, mais nous ne savons pas gérer le coté humain.

« Vous avez déjà vu un ingénieur faire une présentation en marketing de réseau ? »

C'est hilarant. Nous parlons et parlons et parlons encore des faits et des études de cas. Les yeux de nos prospects deviennent vitreux et leurs regards, absents. Si vous fouillez dans votre mémoire en lisant ces quelques lignes, vous trouverez certainement le souvenir d'un meeting où l'on a osé laisser un ingénieur s'adresser à l'audience.

Ceci dit, voici comment ma présentation a évoluée à mes débuts.

Premiers balbutiements : Je fais la lecture du livret de présentation aux prospects comme s'ils étaient illettrés. Chaque point était soigneusement décortiqué et appuyé par des documents de sources indépendantes. Aucun détail n'était négligé. J'expliquais tout, absolument tout ce qui concernait l'entreprise, dans un ordre logique, pour me diriger ultimement vers la prise de décision. Un monologue de 45 minutes, communication unidirectionnelle qui ne devait être en aucun cas interrompue.

Ça n'a pas fonctionné. Personne n'a dit oui.

Tout le monde a dit « non » à cette présentation magistrale. Je n'arrivais pas à trouver ce qui clochait.

Jamais je n'ai réalisé que le dénominateur commun, c'était **moi**. J'étais sur la scène de crime à chaque présentation.

Un peu plus tard : J'ai analysé mes piètres résultats. Ma conclusion ? La seule raison pour laquelle mes prospects pouvaient dire non à cette fabuleuse présentation était... qu'ils avaient besoin d'encore plus d'information. Avec davantage de détails, ils seraient plus éclairés afin de prendre une décision.

Alors, comme vous l'avez deviné, voici ce que j'ai fait.

J'ai bonifié ma présentation pour atteindre 90 minutes de faits abrutissants, de tableaux et d'information.

C'était une présentation fantastique.

Et à la fin de celle-ci, au moment où les prospects devaient prendre une décision, on me répondait :

- « Hmmm, laisse-moi y penser. »
- « Je ne suis très bon dans la vente. »
- « Je ne connais personne. Je ne connais que trois personnes et deux d'entre-elles me détestent. »

- « Je suis trop occupé. »
- « Je ne suis pas à l'aise avec ce type d'entreprise. »
- « Pas le temps. Trop d'heures supplémentaires à mon travail déjà. »
- « Je vais te recontacter bientôt à ce sujet. »
- « Je ne m'imagine pas faire ce que tu fais. »
- « Je ne pourrai jamais mémoriser une présentation de 90 minutes. »

Les prospects m'ont dit « non » d'une multitude de façons, mais je ne réalisais pas que c'était un « non », qu'ils ne **voulaient pas** joindre mon entreprise de marketing de réseau.

Mes prospects ne voulaient en aucun cas être associés à mon entreprise… ou à moi. Ils me disaient « non » poliment voilà tout. Ils ne voulaient pas m'offenser ou encore, que je me sente rejeté.

Le résultat ?

J'ai fait la preuve hors de tout doute que les présentations axées sur l'information éloignent les prospects dans notre industrie. S'asseoir avec les prospects et leur parler (**monologue**) durant 45 ou même 90 minutes est un aller simple vers l'échec. J'arrive à peine à supporter une publicité de 30 secondes, et une publicité de 60 secondes m'incite à changer de chaîne.

Pour une raison qui m'échappe, je croyais qu'une info-pub de 45 minutes, sans pause, offerte par un présentateur amateur (moi) pourrait les tenir en haleine et soutenir leur intérêt.

À quoi ai-je pensé ???

De toute évidence, je ne pensais pas beaucoup.

Nous ne sommes pas stupides.

Voici quel était mon principal problème.

Tout emploi requiert certaines compétences. Si nous n'avons pas les compétences, nous sommes congédiés car, sans elles, on ne peut pas exécuter le travail.

J'avais des compétences en mathématique et en ingénierie. Celles-ci étaient idéales pour l'emploi que j'occupais alors. Mais j'ai choisi de me lancer dans une toute nouvelle profession, le marketing de réseau, et j'ai apporté mes compétences logiques et ma passion insatiable pour l'information avec moi dans cette industrie.

Il ne m'a jamais traversé l'esprit qu'en entrant dans une toute nouvelle profession, il me faudrait probablement acquérir de nouvelles compétences... Étrange.

Si j'avais décidé de devenir chirurgien, j'aurais acquis de nouvelles connaissances et aptitudes, comme celle de déterminer où et quoi couper... ou encore, comment anesthésier.

Si j'avais décidé de devenir expert pour désamorcer des bombes, j'aurais appris quel fil (rouge ou noir ?) on doit couper en premier.

Alors prenez une grande respiration. Peu importe la profession que l'on exerce avant de plonger dans le marketing relationnel, nous devrons acquérir un nouvel éventail de compétences. Si évident soit-il, ce fait m'avait malheureusement échappé lorsque j'ai fait mes premiers pas en marketing de réseau.

Si nous sommes docteur, fermier, camionneur, gérant de banque, maman à la maison, vedette de cirque ou même, pirate borgne spécialiste du saut à bungee... nous devons tous acquérir de nouvelles compétences lorsqu'on souhaite changer de profession.

CE QUI SE PRODUIT AVANT NOTRE PRÉSENTATION.

Tout le monde aime faire des présentations. C'est la partie amusante. On peut enfin partager notre entreprise et notre passion avec quelqu'un. Et nous avons le monopole de la conversation.

On adore parler. Nous sommes frénétiques lorsque les gens doivent nous accorder toute leur attention.

C'est la portion facile.

La difficulté, c'est de **trouver** quelqu'un qui accepte de nous écouter. :)

Étape #1 : Obtenir un rendez-vous.

Partout dans le monde, une des questions les plus communes en marketing de réseau est : « Comment générer des rendez-vous pour faire des présentations ?... J'aimerais parler à plus de gens. »

Voici pourquoi les nouveaux distributeurs posent si souvent cette question.

La plupart des distributeurs passent la semaine entière à trouver quelqu'un qui acceptera de les écouter… au lieu de passer la semaine à faire des présentations.

Les distributeurs nous disent :

- « J'ai essayé de parler à mes amis, mais ils ne veulent pas m'écouter. »
- « Mes collègues de travail se sauvent lorsque je m'approche. »
- « J'ai acheté quelques listes de noms et personne n'accepte de me rencontrer pour écouter ma présentation. »
- « Je fais toutes ces choses et personne n'accepte de me rencontrer. »

Ça vous semble familier ?
Sentiment de déjà vécu ?

Les gens sont sur-sollicités et détestent qu'on leur vende quelque chose. Et pour accentuer le phénomène, lorsqu'on débute cette carrière, nous disons des choses stupides. On ne sait pas quoi dire alors on improvise en cours de route. Le fait que réussissions à céduler quelques rendez-vous avec des prospects avec aussi peu de connaissances et de vocabulaire dépasse l'entendement.

Alors comment obtient-on des rendez-vous avec les gens ? Règle générale, si nous parlions à dix étrangers, combien accepteraient de nous rencontrer pour une présentation ?

Dites un chiffre… 3 rendez-vous pour dix approches ? Deux sur dix ? Un sur dix ? Zéro ?

Obtenir des rendez-vous facilement et sans rejet.

Je demande aux participants dans mes ateliers : « Combien parmi vous aimeraient obtenir deux rendez-vous chaque fois que vous approchez dix personnes ? »

Plusieurs personnes lèvent la main. Bien entendu, cela signifierait que huit fois sur dix nos invitations seraient rejetées. Ouch !

Nous pouvons faire mieux, en ajoutant quelques compétences à notre portfolio.

Le « principe de réactivité » stipule qu'il nous faut se poser certaines questions telles que : « Quels sont les mots que nous utilisons qui font en sorte que huit personnes sur dix nous rejettent ? »

J'ai accumulé des centaines d'invitations rédigées sur papier qui vous assurent un « non » retentissant à chaque utilisation. Tout le monde a accumulé des invitations qui procurent le même type de résultats désastreux. Il est donc inutile d'en émettre de nouvelles dans ce guide…

Obtenir 50% de succès pour générer des rendez-vous ?

Puisqu'il est permis de rêver, que diriez-vous d'apprendre et de maîtriser une invitation qui amènerait… **cinq**

personnes sur dix à vous dire : « Oui, s'il-te-plaît, j'aimerais avoir une présentation ! »

Comment s'en porteraient nos entreprises ?

- Est-ce que notre parrainage et nos ventes au détail exploseraient ?
- Est-ce que nous aurions plus de plaisir ?
- Est-ce que nous nous sentirions moins rejetés et mieux dans notre peau ?
- Serait-il plus facile de recruter de nouvelles personnes si nous pouvions leur permettre de générer plus de rendez-vous ?
- Chèques de commissions gonflés à bloc ?
- Plus gens aux meetings ?
- Plus grande foi envers notre entreprise ?
- Meilleure attitude ?

Tout serait différent si nous pouvions amener cinq prospects sur dix à demander : « Oui, s'il-te-plaît, j'aimerais avoir une présentation ! »

Malheureusement, nous ne traiterons pas de cette compétence dans ce livre.

Je sais vous êtes déçu. Arriver à faire en sorte que cinq personnes sur dix vous demandent une présentation serait fantastique. Mais, nous allons acquérir une compétence différente dans ce livre.

Nous apprendrons à :

Obtenir des rendez-vous avec quasi dix personnes sur dix.

Qu'en dites-vous ?

Plus tard, lorsque qu'on se morfondra, nous pourrons explorer par nous même et trouver comment amener seulement cinq prospects sur dix à nous demander une présentation. :)

Mais presque dix sur dix ? Presque 100% de taux de réussite ?

Oui, c'est possible.

Ça semble inconcevable...

Mais nous pouvons obtenir un rendez-vous avec près de 100% des gens à qui l'on parle avec seulement... 22 mots !

Et la seule raison pour laquelle nous n'utilisons pas encore ces 22 mots est que nous ne les connaissions pas, de nos débuts à aujourd'hui ! Ceci dit, nous pouvons les apprendre. Nous avons appris comment commander de la pizza par téléphone. Nous avons appris à utiliser un téléphone intelligent. Alors apprendre le marketing de réseau est tout aussi accessible. Ce sont de nouvelles compétences à acquérir, tout simplement.

Mais d'abord, fantasmons un peu. « Que se produirait-il si nous maîtrisions l'art d'obtenir près de 100% de taux de réussite en approchant les gens pour générer une présentation ? »

Le marketing de réseau serait la profession la plus prisée de l'univers !

- Nous pourrions faire un nombre illimité de présentations.
- Nous pourrions nous permettre d'être sélectifs. Nous pourrions refuser de faire des présentations à des gens que nous n'aimons pas.
- Fini le stress.
- Nous pourrions passer nos semaines entières à **faire** des présentations au lieu de **perdre** notre semaine à tenter de trouver quelqu'un à qui faire une présentation.
- Recruter de nouvelles personnes serait chose facile si nous pouvions transmettre cette compétence.

C'est le moment de se débarrasser de notre scepticisme.

Voici pourquoi nous n'arrivons pas à amener dix prospects sur dix à demander une présentation.

Parce qu'on dit et on fait les mauvaises choses. Voici un exemple typique.

Imaginez que je suis un tout nouveau distributeur. Je suis juste à coté de vous au travail. Nous sommes à la machine à café en train de discuter depuis déjà trois ou quatre heures.

Tout en sirotant notre café, je me tourne vers vous et je dis : « Dieu que j'ai une opportunité pour toi ! » Quelle est la première chose qui vous traverse l'esprit ?

« Cours. Cours. Sauves toi. Vendeur en approche ! Cache ton portefeuille ! Cache ton sac à main ! Trouve-toi une excuse ! Mets de l'ail autour de ton cou ! »

Je me trompe ?

Vous seriez si empressé de fuir que vous pourriez même dire : « Hé ! Il faudrait bien que je retourne travailler. » Ça, c'est du désespoir !

Ne vous en faites pas, ça n'affectera pas ma trajectoire. Oh que non. Je suis motivé. J'ai écouté un fichier audio hier soir. J'ai aussi chanté mes affirmations positives dans le miroir avant de venir travailler.

Alors je poursuis en disant :

« Écoute, c'est une super opportunité. L'occasion d'une vie ! Tu dois absolument venir assister à ce meeting à l'hôtel ce soir. Ne t'en fait pas pour le trafic. Oublie ton souper en famille ce soir. Oublie ta soirée de repos après une dure journée à la machine à café. Viens plutôt à notre incroyable réunion d'occasion d'affaire. Nous allons te propulser vers la liberté financière. Nous allons bientôt te permettre de mettre ce que tu veux dans ton agenda. Tu pourras passer d'un revenu linéaire à un revenu résiduel. Ce sera le point tournant de ta vie. Ce sera spectaculaire ! Tout ce que tu dois faire, c'est d'assister à notre rencontre ce soir. »

À quoi pensez-vous ? Vous vous dites probablement : « Oh la vache… je dois absolument éviter de me pointer là ce soir. On dirait une secte ou une de ces organisations de vente pyramidale. »

Qu'allez-vous répondre ?

« Je suis occupé. »

Nous avons tous entendu ça par le passé, n'est-ce pas ? Vous allez me répondre: « Je suis très occupé ce soir. Nous venons d'adopter un chat de gouttière et je dois vite rentrer à la maison pour le caresser. Et ce n'est pas tout, mon agenda indique que je dois aussi changer l'air de mes pneus ce soir. Je suis complètement débordé. Impossible de me libérer. »

Est-ce que cette nouvelle réponse me décourage ou freine mes ardeurs ? Oh que non. Ce matin, j'ai visualisé mes objectifs pendant 45 minutes en conduisant au travail. Rien ne peut m'arrêter. Je poursuis donc :

« Voici enfin ta chance de te débarrasser de ton patron, d'atteindre tes buts et de parcourir le monde. Ta famille sera fière de toi. C'est une chance unique de leur prouver ton amour. Tu pourras enfin réaliser tes rêves les plus fous. Tu dois absolument t'offrir cette chance unique et assister à cette incroyable, cette hallucinante présentation d'affaire. »

Vous vous dites : « Hisshhh ! Comment je me débarrasse de cet énergumène ? Il ne lâchera pas le morceau. Je dois songer à une porte de sortie sans quoi il va me harceler toute la journée. Peut-être que je pourrais trouver quelque chose que je déteste à propos de cette stupide et inutile présentation d'affaire. »

Vous faites alors une nouvelle tentative d'évasion : « Et bien, avant de me rendre à cette fameuse rencontre, donne-moi le nom de la compagnie. »

Ça vous sonne une cloche ?

Je réponds : « Le nom de la compagnie ? Je ne peux pas vraiment le dévoiler. C'est que, si je te dévoilais le nom de la compagnie, tu pourrais avoir une idée préconçue. Tu pourrais faire quelques recherches sur le web et ne voir qu'un seul coté de la médaille. Tu dois venir au meeting pour avoir toute l'information d'un seul coup, et non pas une seule pointe de la tarte. Je ne veux pas que tu fasses une erreur de jugement. Lorsque tu seras en route pour le meeting, je te donnerai le nom de la compagnie. »

Croyez-vous que vous allez vous pointer à ma présentation d'affaire si je n'accepte même pas de divulguer le nom de la compagnie ? Rien n'est moins sûr. Mais… je ne suis pas découragé !

J'ai chanté la chanson de la compagnie de mon stationnement jusqu'au bureau ce matin. Je suis super positif.

Puisque vous ne voulez toujours pas assister à cette présentation d'affaire, vous poursuivez l'interrogatoire : « Et bien, donne-moi d'abord un peu d'information, histoire de savoir si je suis intéressé à en savoir plus avant de sacrifier cette soirée pour un meeting. »

Toujours les même questions ces prospects…

Puisque je suis préparé pour cette objection (et bien d'autres), je réponds à la vitesse de l'éclair : « Et bien, je ne peux pas faire ça. C'est très visuel. Tu dois être présent physiquement pour tout voir en même temps afin de tout saisir. Alors, quand tu seras au meeting, tu auras toutes les réponses à tes questions. Tu viens ? »

Et vous répondez : « Non. »

Cette fois, le désespoir commence à assombrir mon ciel. Vous êtes le seul prospect sur ma liste. Je pense tout bas : « Je dois absolument amener quelqu'un. Je n'arrive pas à te convaincre. Alors je vais sortir l'artillerie lourde. Je dois passer à l'approche culpabilité. »

Je me lance : « Et bien, je sais que tu ne veux pas venir, mais tu as une dette envers moi. Nous sommes amis depuis 15 ans. Lorsque tu t'es blessé au dos l'hiver dernier, j'ai déneigé ton entrée. Lorsque ta fille avait besoin d'un rein, je lui en ai donné deux. Tu as une dette envers moi. Viens à ma rencontre ce soir. »

Maintenant, qu'allez-vous faire ? Vous réfléchissez : « Merde, je ne veux pas me pointer à ce stupide meeting de vente à pression. D'un autre coté, je ne veux avoir à lui redonner ses deux reins. »

Vous devez absolument songer à une autre excuse... eureka ! : « Bon, il faut que je te dise. J'aimerais bien assister à ce meeting. Ça semble fantastique, mais, malheureusement, ma voiture est en panne. Lorsque le bus me déposera chez moi après le travail, il sera trop tard pour reprendre le bus et me rendre à ton hôtel à temps pour le meeting. »

Vous devinez quelle sera ma prochaine réplique... « Je vais te prendre chez toi et t'amener au meeting ! Je serai chez toi à 18h30. Nous y serons à 19h00 pour avoir les meilleurs sièges. La présentation débute à 19h30. C'est parfait ! »

Tout se bouscule dans votre tête : « Hmmm... 19h30, donc 20h30 en horloge de marketing de réseau. Il m'a dit que ça ne durait qu'une heure, ce qui signifie deux heures dans leur jargon, donc 22h30, et c'est à ce moment que cinq personnes vont se ruer sur moi pour tenter de me faire signer quelque chose. On devrait donc quitter vers 23h30, si tout va bien, et je serai à la maison pour minuit. Cinq et heures de demie de ma vie de gaspillées mais bon… »

Alors pour enfin passer à autre chose, vous capitulez (en apparences) : « C'est parfait. En fait, c'est tellement une bonne idée que je vais te dire ce que je vais faire. Tu n'as même pas besoin de passer me prendre. Je vais te rejoindre directement à l'hôtel. Je vais demander à mon voisin de m'y conduire. »

Est-ce que ce scénario vous rappelle quelque chose ?

Vous êtes d'accord avec moi ? **Ce qu'on fait** et **ce qu'on dit** peut faire la différence ?

C'est la raison pour laquelle nous n'arrivons à convaincre qu'un, deux ou trois prospects sur dix à écouter notre présentation.

Cela dit, nous pouvons changer tout ça en acquérant une compétence très simple.

Biscuits aux pépites de chocolat.

Si quelqu'un nous fournissait une recette très simple, mais fantastique, de biscuits aux pépites de chocolat; pourrions-nous suivre cette recette ? Bien entendu. Le fait d'avoir une bonne attitude n'aurait aucune incidence. Le fait d'avoir un tableau de visualisation avec vos rêves… non plus. Tout ce qu'il vous faudrait pour cuisiner ces merveilleux biscuits, serait la capacité de suivre la recette.

Même principe lorsqu'il s'agit d'obtenir des rendez-vous pour votre entreprise de marketing de réseau. Tout ce que vous devez faire, c'est de suivre la recette mot à mot. Tout le monde peut le faire. Les petits nouveaux. Les plus expérimentés. Et même les sceptiques.

Voyons comment nous pouvons y arriver.

COMMENT OBTENIR UN RENDEZ-VOUS PRESQUE DIX FOIS SUR DIX.

Les prospects détestent les présentations de vente. Vous avez déjà remarqué ? Pourquoi les gens ont horreur de perdre du temps avec un vendeur ? Voici quelques raisons évidentes :

- Perdre un temps précieux qu'ils pourraient accorder à la télévision.
- Quelque chose pour lequel ils n'ont aucun intérêt.
- Peur du changement. « Laissez-moi tranquille. Je suis très bien dans mon micro univers. »
- Une haine viscérale envers les vendeurs parce qu'ils parlent, parlent et parlent encore.
- Parce qu'ils préféreraient passer ce temps avec leur famille.
- Ils ne veulent pas délier les cordons de la bourse.
- Trop occupés. Ils ne veulent rien ajouter à leur vie déjà effrénée.

Alors lorsque nous invitons des prospects à nos rencontres d'opportunités ou présentations, la réponse est instantanée : « Non ! »

Refus, rejet.

Et si les prospects n'ont pas la chance d'entendre notre présentation de vente, nos chances de succès sont très minces. Alors si nous n'arrivons pas à obtenir des rendez-vous pour transmettre notre information, mieux vaut se recycler dans autre chose.

Comment donc pouvons-nous obtenir des rendez-vous avez ces prospects allergiques à la vente et aux vendeurs ?

Facile. Et nous pouvons obtenir un rendez-vous presque dix fois sur dix. Comment ? Plongeons dans les profondeurs de l'esprit de notre prospect afin de comprendre comment il pense. Lorsque nous verrons les choses à sa façon, obtenir des rendez-vous sera chose facile.

Ce que pensent les prospects lorsqu'on tente d'obtenir un rendez-vous.

- « Tu essaies de me vendre quelque chose. »
- « Je refuse de me déplacer à une présentation d'affaire. Mon temps est précieux. »
- « Tu va me mettre devant ton recruteur et, je vais être soumis à une vente à pression. »
- « Je suis en sécurité si je n'assiste pas à leur conférence ou leur webinaire. Ils veulent sûrement que je me joigne à leur arnaque. »
- « Je ne veux pas dépenser d'argent sur quoi que ce soit. »

- « Tu va me mettre mal à l'aise si je décide de ne pas acheter ton produit ou joindre ton opportunité d'affaire. »
- « Si je ne suis pas intéressé, tu vas me poursuivre et me harceler jusqu'à ce que je sois dégoûté. »

Mauvaises pensées. Très mauvaises pensées… mais bien réelles.

La dernière chose que nous souhaitons devenir, c'est un vendeur à pression manipulateur. Tout ce qu'on veut, ce sont des rencontres pour informer les prospects sur notre entreprise. Ceci dit, nous préférons le faire sans être constamment rejetés.

Réfléchissons. Lorsque nous parlons aux prospects :

1. Est-ce qu'ils se penchent vers l'avant, impatients d'entendre notre présentation ?

2. Ou s'ils s'appuient sur le dossier de leurs chaises, lèvent le bouclier et tentent d'éviter la présentation ?

Dans la plupart des cas, les prospects croisent les bras et s'appuient sur le dossier de leurs chaises. C'est une situation très inconfortable pour nous, et pour eux.

Comment adosser les prospects à leur chaise.

Peut-être que nous tentons malhabilement d'obtenir un rendez-vous en disant des choses telles que :

- « Nous avons une présentation d'affaire ce soir. C'est seulement quelques heures de ton temps. Tu veux venir ? »
- « Tu dois entendre ce millionnaire sur l'appel conférence ce soir. Mets de coté ton feuilleton favori et branche-toi plutôt sur la ligne pour écouter un étranger qui tentera de te vendre quelque chose. »
- « Ton emploi ne te rendra jamais riche. Laisse-moi te dire ce que tu devrais faire de ta vie. Je vais organiser un appel conférence avec mon recruteur et on va te dire quoi faire. »
- « J'ai une vidéo que tu dois absolument regarder. Et une présentation PowerPoint. Ensuite, je te dirai comment faire de l'argent en dessinant des cercles sur un tableau… »

Vous voyez le problème ?

Comment faire pencher vos prospects vers l'avant.

Plutôt que de manipuler et essayer de vendre quelque chose à nos prospects, tentons une approche différente.

Nous allons :

1. Détendre nos prospects.

2. Faire en sorte que nos prospects se penchent vers l'avant tout en les rendant fébriles d'entendre notre présentation.

De toute évidence, ça semble être un meilleur plan.

DEUX PHRASES MAGIQUES.

Nous pouvons mettre fin à ce cauchemar en utilisant deux phrases éprouvées qui sauront détendre notre prospect à tout coup.

Les voici. Seulement 22 mots.

La première phrase se lit comme suit. (Prière de mettre en veilleuse votre scepticisme jusqu'à ce que vous ayez lu les deux phrases.)

« Je peux te faire une présentation complète, mais cela durerait certainement une bonne minute. »

La seconde phrase est:

« Quand pourrais-tu m'accorder toute une minute ? »

Prêt à mettre ces deux phrases à l'épreuve ?

Je suis debout à vos côtés au bureau près de la machine à café. Nous y sommes à discuter depuis trois ou quatre heures déjà, sirotant notre café et engouffrant quelques beignes. Je dis alors :

« Bon dieu… j'ai toute une opportunité pour toi… » (Hmmm, probablement pas la meilleur entrée en matière, mais nous y reviendrons un peu plus tard.)

Vous répondez alors : « Oh que non. »

Je réponds illico : « Relaxe. Ne t'en fait pas. Respire par le nez. Tout va bien. Je peux te faire une présentation complète, mais cela durerait certainement une bonne minute. Quand pourrais-tu m'accorder toute une minute ? »

Votre réponse probable ?

« Ok, et pourquoi pas tout de suite ? »

Pourquoi est-ce que ça fonctionne ?

Voici pourquoi vous me demanderiez la présentation sur le champ.

Premièrement, vous songez : « Finissons-en. Dis ce que tu as à dire maintenant afin que j'évite de perdre mon temps à une soirée d'information. »

Deuxièmement, la curiosité l'emporte… : « C'est probablement ridicule, mais qui sait, mieux vaut avoir l'information. Je suis un brin curieux. Et je peux tout savoir en seulement une minute et être débarrassé. Je n'ai rien à perdre ! »

Troisièmement, vous cogitez : « Ça n'est qu'une minute. Inutile de mettre mon armure anti-vendeur pour 60 secondes. Je suis en sécurité. »

Quatrièmement, vous considérez : « Réglons cette histoire de présentation maintenant parce que je ne veux pas que tu m'appelles plus tard à la maison pour tenter de prendre un rendez-vous. Faisons ça tout de suite et je serai débarrassé. Il me faudrait plus qu'une minute pour te serrer la main et te dire au revoir alors, vide ton sac maintenant. »

Cinquièmement, vous réalisez : « Hé ! C'est seulement une minute ! Trop court pour un pitch de vente, pour de la poudre aux yeux ou d'autres techniques de manipulations. À peine le temps pour quelques faits et détails. Je peux ensuite répondre oui, non, ou poser une question ou deux... dossier clos ! »

Sixièmement, vous vous dites : « Il me faudra plus d'une minute pour lui faire comprendre que je ne suis pas intéressé par sa présentation... alors écouter sa présentation est la solution la moins pénible. »

Septièmement, vous calculez : « Une minute, c'est cent fois mieux que de perdre une soirée complète à une présentation d'affaire. » (Ou un appel conférence ou un webinaire interminables).

Lorsque vous utilisez ces 22 mots, pression et tension disparaissent. Fini la trame dramatique dans l'esprit de nos prospects. Ils se détendent et portent attention à notre histoire.

Fantastique n'est-ce pas ? En disant tout simplement :

1. « Je peux te faire une présentation complète, mais cela durerait certainement une bonne minute. »

2. « Quand pourrais-tu m'accorder toute une minute ? »

La presque totalité des prospects que nous croiserons répondront : « Et pourquoi pas maintenant ? »

Encore sceptiques ?

Considérez ceci. Je me dirige vers votre porte. J'ai sur la tête un petit chapeau affichant le mot « Vendeur » brodé en gros caractères dorés à l'avant. Je cogne à votre porte et je dis ceci : « Je peux vous faire une présentation de vente. Je peux vous faire la présentation longue ou, je peux vous faire la présentation courte. Laquelle préféreriez-vous ? »

Que choisiriez-vous ? La présentation courte, bien entendu.

Et si je vous contactais par téléphone en disant : « Je dois te parler d'une entreprise formidable. » Comment vous sentiriez-vous ? Légèrement sceptique et sur vos gardes. Mais si je poursuivais en disant : « Je peux t'offrir la présentation longue, ou encore, la présentation courte. Laquelle choisis-tu ? »

Vous choisiriez la présentation courte bien sûr.

Vous observez une tendance ? Nous ne sommes pas dans les années '70. En 1970, les gens n'avaient pas la télévision par câble, le téléphone cellulaire, internet… et ils disposaient de très peu d'options pour se divertir. Ils avaient donc le temps d'assister à de longues présentations.

Mais les années '70 ne reviendront pas. Aujourd'hui, les gens sont, en général, débordés. Nous devons respecter cela. Alors venons-en directement aux faits avec une présentation courte. Les gens ont autre chose à faire que d'écouter nos présentations de vente.

Trop facile ?

Trop facile ? Oui. Et c'est la raison pour laquelle ça fonctionne. C'est une option simple, sans rejet, et surtout, nos prospects l'adorent. Ils sont emballés de pouvoir obtenir l'information à l'intérieur d'une minute.

C'est pourquoi presque 100% des prospects répondront : « Et pourquoi pas tout de suite ? »

Et tout ce qu'il fallait, c'était deux phrases toutes simples. On se demande alors : « Attends une minute. Est-ce que ces deux mêmes phrases fonctionnent aussi par téléphone ? » Faisons un test.

Imaginons qu'un prospect nous appelle et dit : « Hé ! Je viens tout juste de remarquer votre carte d'affaire épinglée au babillard de mon restaurant favori. Et bien, avant d'aller plus loin, sachez que je n'existe pas vraiment. Je n'ai pas de téléphone et, j'appelle pour quelqu'un d'autre alors, inutile de me demander ma véritable identité. Cela dit, votre carte d'affaire indique que je peux générer un revenu à temps partiel de la maison. Alors de quoi s'agit-il exactement ? Donnez-moi un peu d'information sur votre entreprise. »

Vous ressentez la résistance à la vente de ce prospect ? Wow. Le prospect est non seulement sur la défensive, il est effrayé. Nous pouvons alors désactiver toute forme de scepticisme, résistance et peur en répondant tout simplement : « Je peux vous faire une présentation complète, mais cela durerait certainement une bonne minute. Quand pouvez-vous m'accorder toute une minute ? »

Quelle sera la réponse de ce prospect angoissé ? Fort probablement : « Dites-le moi maintenant, tout de suite pendant que je suis en ligne avec vous. »

Notre prospect n'a plus à craindre la visite d'un vendeur à pression à la maison, ou d'être harcelé par téléphone pour assister à une présentation dans un hôtel. Nous offrirons à ce prospect toute l'histoire, tout de suite au téléphone, et il se sentira en sécurité et, par conséquent, plus réceptif.

Notre prospect adopte alors une toute autre attitude. Il sent que nous sommes honnêtes et que nous allons droit au but. La dernière fois que notre prospect a appelé quelqu'un au sujet d'une opportunité d'affaire, il a été pris en otage durant 45 minutes au téléphone. Et, après 45 minutes, notre prospect ne connaissait pas encore le type, ou encore le nom de l'entreprise.

Nous sommes différents. Nous ne tentons pas de manipuler les prospects ou encore de cacher l'entreprise que nous représentons. Nous allons dévoiler aux prospects ce qu'ils désirent savoir en une minute au téléphone. Nos prospects nous adorent déjà. :)

Vous n'avez qu'à l'essayer à quelques reprises. Vous serez sous le choc lorsque vous constaterez à quel point les prospects seront plus indulgents.

Nos prospects réagiront différemment ?

Oui. C'est de cette façon que nous éliminons le stress, la tension et le rejet de notre entreprise. Nous utilisons des phrases éprouvées et nos prospects réagissent différemment. En utilisant ces deux phrases, nous désactivons le scepticisme naturel et l'alarme anti-vendeur dans le cerveau de nos prospects.

Désormais, nos prospects se pencheront vers l'avant, impatient d'entendre notre présentation.

Puis-je enseigner ceci à mon nouveau distributeur ?

Vous pouvez enseigner ces deux phrases à **tout le monde** :

1. « Je peux te faire une présentation complète, mais cela durerait certainement une bonne minute. »

2. « Quand pourrais-tu m'accorder toute une minute ? »

Nous pouvons les enseigner à notre tante, notre beau-frère, un collègue de travail, un étudiant du collège… n'importe qui !

Ce qui est fantastique avec ces deux phrases, entre autres, c'est que notre nouveau distributeur se sentira **confortable** de les utiliser. Oui, confortable.

Songez à quel point il serait plus facile d'approcher des prospects et même des amis si notre présentation ne durait qu'une minute !

Formule sans rejet. Facile à apprendre. Amusante à utiliser.

Nous n'avons pas besoin d'une longue formation pour que nos distributeurs mémorisent et utilisent ces deux phrases toutes simples.

Plus tôt dans ce livre, bon nombre étaient sceptiques à l'idée de pouvoir générer des rendez-vous presque dix fois sur dix. Maintenant que nous saisissons l'efficacité de ces deux phrases, il est facile de réaliser à quel point notre succès en sera multiplié.

Faisons le test pour nous-mêmes.

Songeons à notre semaine typique « avant ». Nous avions peut-être besoin d'une semaine d'approches afin d'obtenir un rendez-vous avec un prospect pour finalement faire une présentation.

Imaginons maintenant à quoi pourraient ressembler nos semaines « après ». Avec ces deux phrases, si nous parlons à suffisamment de gens, nous pourrions obtenir dix rendez-vous à l'intérieur d'une heure !

Exemple. Nous sommes à la machine à café au travail. Nous utilisons notre formule magique : « Je peux te faire une présentation complète, mais cela durerait certainement une bonne minute. Quand pourrais-tu m'accorder toute une minute ? »

Il sera en effet facile d'obtenir des rendez-vous sur le champ.

Et si nous contactions nos parents et amis par téléphone... Nous pourrions aussi utiliser ces 22 mots : Je peux te faire une présentation complète, mais cela durerait certainement une bonne minute. Quand pourrais-tu m'accorder toute une minute ? »

Encore une fois, nous obtiendrions une tonne de rendez-vous. Et la plupart de ces rendez-vous se matérialiseraient à l'instant même, au téléphone.

Même si nous interrompons nos prospects en plein repas, la plupart de nos appels seront couronnés de succès. Et en approchant quelqu'un de la famille qui répond : « Je suis occupé en ce moment. Nous sommes en plein souper. De quoi s'agit-il ? » Nous pourrions répondre : « Je peux te faire une présentation complète, mais cela durerait certainement une bonne minute. Quand pourrais-tu m'accorder toute une minute ? » Ils répondraient probablement : « Et bien puisque tu m'as déjà au bout du fil et que ça ne dure qu'une minute, dis-le moi maintenant. C'est plus simple que de me rappeler plus tard. »

Pourquoi choisirions-nous désormais de céduler des rendez-vous d'une autre façon, sachant que presque tous ceux que nous approcherons répondront « oui » à notre présentation Minute... la vie est belle.

Fini l'anxiété reliée au sentiment de vendre quelque chose.

Un prospect nous contacte par téléphone. Il demande : « Qu'est-ce que c'est au juste votre opportunité ? »

Nous pouvons répondre avec assurance : « Je peux vous faire une présentation complète, mais cela durerait certainement une bonne minute. Quand pourriez-vous m'accorder toute une minute ? »

Le prospect se détend. Il sent que nous sommes honnêtes et que nous irons droit au but. Il n'a pas à nous tirer les vers du nez pour obtenir de l'information. De plus, il peut obtenir cette information préliminaire par téléphone, **avant** de prendre la décision de nous rencontrer en personne.

Tout le monde se sent mieux.

Notre conjointe sera ravie.

Vous voulez semer la bisbille dans votre couple ? Suffit de dire à votre conjointe : « Hé ! Chérie ! Ce soir, je ne peux pas souper avec vous. Je prévois passer cinq heures au téléphone avec des prospects. Et ce sera comme ça tous les jours cette semaine ! »

Comparons ce scénario à cette nouvelle option désormais possible :

Notre conjointe nous avise : « Nous devons quitter dans 20 minutes pour souper avec nos bons amis. Sois prêt s'il-te-plaît. »

Aucun stress. Durant ces 20 minutes, nous pourrions générer trois ou quatre autres rendez-vous pour notre entreprise… avant de quitter pour souper. Nous avons désormais amplement de temps pour développer notre business si nous le faisons de la bonne façon.

La vraie vie.

Lorsqu'on démarre notre entreprise, nous sommes timides et embarrassés par le volet présentation. On s'imagine dans un restaurant achalandé à faire défiler des diapos PowerPoint ou encore, donnant une présentation debout dans le salon de notre tante qui se moque de nous.

Plus besoin de paniquer. Lorsque quelqu'un désire une présentation immédiate, nous sommes prêts. Nous aurons une présentation Minute en poche peu importe l'endroit ou l'occasion. Alors continuons à apprendre comment s'articule cette présentation portative.

Attention ! Attention ! Attention !

Si nous n'utilisons pas ces deux phrases magiques, nous sommes condamnés à une vie de stress et de rejet. Ouch !

Obtenir des rendez-vous sera extrêmement frustrant si nous n'utilisons pas des phrases qui ont fait leurs preuves.

Utilisons ces ceux phrases magiques :

« Je peux te faire une présentation complète, mais cela durerait certainement une bonne minute. Quand pourrais-tu m'accorder toute une minute ? »

Problème réglé.

Nous avons généré un rendez-vous, et ce rendez-vous est… maintenant. Quelle est la suite ?

POUVONS-NOUS FAIRE UNE PRÉSENTATION COMPLÈTE EN SEULEMENT UNE MINUTE ?

À bien y penser…

« Cette aptitude à générer des rendez-vous à volonté est sans doute la compétence la plus extraordinaire de toute l'histoire de la civilisation occidentale. Elle changera le monde tel qu'on le connaît. C'est la chose la plus fantastique depuis l'invention du pain tranché et de la bière. C'est si sensationnel que j'ai peine à y croire… Wow ! Cette découverte aura un impact fondamental sur mon entreprise. Je passerai maintenant la semaine entière à faire des présentations plutôt qu'à chercher un prospect qui accepte d'écouter ma présentation. Mais quelque chose me chicotte… »

« Comment réduire ma présentation à une minute ? »

Ça semble impossible, n'est-ce pas ?

Mais souvenez-vous. Il y a quelques pages, il nous était impossible d'imaginer comment obtenir des rendez-vous avez près de 100% des prospects à qui l'on parle.

Tout ce que nous ignorons semble difficile, voire même impossible. Mais une fois la connaissance acquise, il est possible d'y croire. Alors commençons.

Ça n'est pas un tour de magie, mais plutôt la réalité.

Tout d'abord, laissez-moi vous expliquer ce que représente pour moi une présentation Minute.

- Ça n'est pas une courte publicité.
- Ça n'est pas un « teaser ».
- Et ça n'est pas non plus un appât visant à obtenir un rendez-vous.

La définition d'une présentation Minute pour moi est :

◇◇◇

Une présentation complète, totale, du début à la fin, contenant tous les faits que le prospect a besoin de connaître pour prendre une décision intelligente et répondre : « Oui, ça m'intéresse, » ou, « Non, ça ne m'intéresse pas, » ou encore, « J'ai une question ou deux. »

◇◇◇

Pas de stratagème, pas de tour de magie. La présentation Minute est tout ce dont le prospect a besoin pour prendre une décision rapide et éclairée : « oui » ou « non. »

Nous ne faisons qu'assumer notre responsabilité.

Nous avons une obligation envers nos prospects. Dissimuler des faits et des informations d'importance ne sert par leurs intérêts. Ceci dit, les surcharger d'informations inutiles et non pertinentes est aussi une mauvaise stratégie.

Nous souhaitons éviter qu'un prospect nous dise dans quelques semaines ou quelques mois : « Sérieusement, si tu m'avais donné cette information avant, je me serais joint à toi. J'ai perdu deux années de plus à mon travail parce que tu ne voulais pas me donner de détails. »

Alors voici notre obligation : partager les faits importants avec nos prospects.

Notre obligation s'arrête là. Nous ne sommes **pas** responsables de la **décision** de nos prospects. Tout comme nous ne sommes pas responsables du conjoint ou la conjointe que nos prospects ont choisis. Nous ne sommes pas responsables du travail qu'ils occupent. Et nous ne sommes responsables d'aucunes de leurs décisions.

Notre responsabilité se limite à partager les faits importants avec nos prospects, point à la ligne.

Soulagés ?

Nous ne connaissons pas la situation actuelle de notre prospect ou encore quels sont les enjeux dans sa vie en ce moment. Et on ne peut aucunement contrôler ces facteurs.

Alors relaxez. Limitons-nous à poliment partager les faits importants… et c'est tout.

La suite appartient au prospect.

Fini le rejet, fini le stress.

Mais je désire parler plus longtemps.

C'est normal. Nous adorons tous s'écouter parler, mais pas nos prospects. Ceci dit, souvenez-vous que la présentation Minute n'est qu'UNE façon de faire une présentation. Il y a plusieurs autres options pour créer des présentations plus longues ou plus courtes. C'est pourquoi nous préférerons avoir en poche diverses options pour mieux répondre aux besoins de nos prospects.

Dans la plupart des cas, la présentation la plus courte est aussi la meilleure. Elle donne aux prospects l'opportunité de se désister rapidement, si ce que nous avons à offrir ne leurs convient pas. Ce qui épargne temps et anxiété pour les prospects et, nous libère rapidement du même coup.

Mettons-nous dans leurs chaussures. Nous aurions aussi une préférence pour la présentation courte afin de déterminer si nous souhaitons poursuivre, s'éclipser ou en savoir plus.

Ce livre traite de la présentation Minute. Alors sautons dans le vif du sujet et apprenons comment l'articuler... maintenant !

LES BASES DE LA PRÉSENTATION MINUTE.

Nous pensons : « Je ne peux pas concevoir une présentation d'une seule minute. J'ai trop d'informations à donner. »

C'est exactement la source du problème. La plupart des choses que l'on partage dans nos présentations, nos prospects s'en fichent totalement.

Il n'existe que deux moyens pour réduire nos présentations à une minute.

Option #1 : Apprendre à parler très, très vite.

Option #2 : Retirer quelques éléments de notre présentation.

Parler très rapidement est une option purement théorique. Vous comprendrez tout comme moi qu'il est impossible d'intégrer tous les détails de notre présentation à l'intérieur d'une minute. Et même si nous y arrivions en parlant à la vitesse de la lumière, personne ne pourrait décoder ce flot verbal. Inspectons donc l'option #2.

Retirons d'abord quelques éléments de nos présentations.

Nos présentations comportent des faits, des graphiques et des informations.

Mais est-ce que ces faits, graphiques et informations sont tous essentiels pour permettre à notre prospect de prendre une décision ?

Non.

Et si notre prospect joint notre entreprise, il pourra apprendre tous ces faits, tableaux et informations plus tard durant les formations.

Retirez les futilités concernant la compagnie.

Lorsque nous décrivons notre compagnie, nous pouvons faire abstraction du nom du fondateur, de ses diplômes, des membres du comité de direction, du relevé des profits et pertes pour 2004 et du nombre de nouveaux distributeurs parrainés en mai 2009. Nous pouvons aussi mettre de coté les dimensions de la table de conférence, l'année où la compagnie a été classée au 37e rang en croissance dans la région de Costa Mesa, et tous les articles écrits au sujet de la compagnie Fantastique. Et oui, il est même inutile de montrer la photo de l'édifice corporatif de notre PowerPoint.

Ouf ! Quel soulagement. Souvenons-nous, pour statuer sur le fait de joindre notre entreprise ou non, le prospect n'a pas besoin de toute cette information. Et s'il joint notre équipe, nous aurons amplement de temps pour lui transmettre ces détails plus tard.

Faire abstraction de tous ces détails à propos de la compagnie rend les choses beaucoup plus simples et, nous permet de libérer beaucoup de temps.

Retirez les futilités à propos des produits et services.

Qu'en est-il de nos produits et services ? Pouvons-nous soustraire, ici aussi, plusieurs faits et informations impertinentes ? Bien entendu. Retirons par exemple le nom de la formation rocheuse en Chine où pousse notre plante magique, et le fait qu'elle soit cueillie par des lutins sur les douze coups de minuit lorsque la rosée s'y dépose. Laissons aussi tomber le type d'encre qui est utilisée sur nos étiquettes produits, le nombre d'employés qui porte des sarraus les jeudis après-midi, les 650 témoignages et le rapport de recherche de 44 pages de l'Université du Wisconsin. Oui oui, nous pouvons même omettre de donner les dates du cycle de facturation de nos services et le type d'équipement sophistiqué utilisé pour obtenir la viscosité particulière de nos crèmes corporelles.

Parce que si nos prospects refusent de faire équipe avec nous et/ou notre entreprise, ils n'ont pas besoin de toute cette information. Et s'ils décident d'avancer avec nous, nous pourrons leur transmettre cette information plus tard.

Et bien… nous avons libéré encore plus d'information ! Qui plus est, notre présentation devient encore plus simple. Quoi d'autre ?

Retirez les futilités à propos du plan de rémunération.

Pouvons-nous compresser le temps utilisé pour décrire notre plan de rémunération aussi ? Pouvons-nous faire abstraction des volumes de qualification, du bonus de volume par produit ou service vendu et, du nombre de clients qualifiés requis pour atteindre le prochain niveau... Et doit-on énumérer tous les niveaux d'avancement dans plan de rémunération.

Posons-nous la question. « Avons-nous saisi le plan de rémunération de notre compagnie la première fois que nous en avons entendu parler ? » Probablement pas. Et est-ce que la plupart d'entre-nous le comprenons, même aujourd'hui ? Majoritairement, non. Alors tous les pourcentages, volumes requis, qualifications et niveaux sont des notions que nous avons apprivoisées plus tard, soit après avoir pris la décision de démarrer notre entreprise de marketing de réseau.

Retirons donc les détails du plan de rémunération. Pour la majorité des prospects, ce sera un soulagement. Et lorsqu'un prospect démarre son entreprise avec nous, on pourra alors lui transmettre toute cette information.

Vous comprenez maintenant qu'en retirant tous ces faits, graphiques et informations sur la compagnie, les produits (services) et le plan de rémunération, il est maintenant concevable de réduire notre présentation à une minute.

Wow. Ce changement à lui seul pourrait avoir un impact majeur dans notre business.

Mais alors, quelles informations notre prospect souhaite-t-il vraiment connaître ?

Ah ha ! La question à un million de dollars. Quelles informations devrions-nous conserver dans nos présentations. Nos prospects ont besoin d'un minimum d'information pour prendre une décision préliminaire :

Option #1 : Je désire joindre ton entreprise.

Option #2 : Je ne désire pas joindre ton entreprise.

Option #3 : Ton entreprise semble intéressante, mais j'ai une question ou deux.

Les prospects prennent leurs décisions préliminaires rapidement. Nos prospects souhaitent d'abord faire un survol afin de déterminer s'ils ont un intérêt ou non. Cette présentation « survol » doit être rapide et doit répondre à trois questions fondamentales.

LES TROIS QUESTIONS FONDAMENTALES DE NOS PROSPECTS.

À cette étape de notre approche, nos prospects souhaitent que nous répondions simplement à trois questions fondamentales pour eux. Si nous arrivons à le faire efficacement, nos prospects auront suffisamment d'information pour prendre une décision préliminaire éclairée.

Souvenez-vous, si nos prospects prennent la décision de joindre notre entreprise, ces autres faits, graphiques et informations pourront être assimilés plus tard durant les formations.

Ce sont d'ailleurs les trois mêmes questions que nous nous poserions si **nous** jetions un coup d'œil à une proposition d'affaire.

Simple, n'est-ce-pas ?

Voici les trois questions auxquelles nous devons répondre :

Question #1 : « Dans quel type d'entreprise sommes-nous ? »

Question #2 : « Combien d'argent puis-je y faire ? »

Question #3 : « Que dois-je faire pour gagner cet argent ? »

C'est tout !

Répondre aux trois questions en 60 secondes ? Difficile de croire que l'on peut donner suffisamment d'information aux prospects pour prendre une décision éclairée ?

Et bien, croyez-le ou non, une minute est même plutôt long si nous sommes efficaces.

Afin de dissiper vos doutes, je vais faire la démonstration d'une présentation Minute qui répond aux trois questions fondamentales… en seulement dix secondes !

Je vais donc répondre à chacune des trois questions en dix secondes et ensuite, prendre une pause café de 50 secondes.

La question est : si je peux le faire en dix secondes, croyez-vous que nous puissions y arriver avec une minute entière ? Je pense que oui.

Dix secondes… et ils auront tous les faits dont ils ont besoin pour prendre une décision préliminaire soit :

Option #1 : « Oui, je désire joindre ton entreprise. »

Option #2 : « Non, je ne désire pas joindre ton entreprise. »

Option #3 : « J'ai une question ou deux. »

Laissez-moi vous donner un exemple de présentation Minute dans une autre industrie que le marketing relationnel afin que vous puissiez vivre la présentation Minute avec dans les souliers d'un prospect.

Voici un exemple :

◇◇◇

« Notre entreprise se spécialise dans la relocalisation de véhicules. Vous pouvez ajouter 100,000$ à vos revenus par année et, tout ce que vous devez faire, c'est voler des voitures. Et bien, qu'en dites-vous ? »

◇◇◇

C'était rapide n'est-ce pas ? Moins de dix secondes !

Nos prospects ont obtenu réponse à leurs trois questions fondamentales :

Question #1 : « Dans quel type d'entreprise sommes-nous ? » (Notre entreprise se spécialise dans la relocalisation de véhicules.)

Question #2 : « Combien d'argent puis-je y faire ? » (Vous pouvez ajouter 100,000$ à vos revenus cette année.)

Question #3 : « Que dois-je faire pour gagner cet argent ? » (Tout ce que vous devez faire, c'est voler des voitures.)

Puisque nos prospects ont eu réponses à ces trois questions, ils peuvent prendre une décision immédiate. Ils pourraient répondre :

- « Oui, mon cousin fait la même chose. Comment puis-je démarrer ? » (Je désire joindre ton entreprise.)

- « Non, ça n'est pas pour moi. Ma mère ne me le permettrait pas. » (Je ne désire pas joindre ton entreprise.)
- « J'ai une question. Est-ce que je dois absolument voler des voitures ou, est-ce que je pourrais plutôt voler des motos ? » (Je désire joindre ton entreprise mais j'ai une question.)

Suffisamment d'information.

Nous n'avons pas eu à :

- Détailler l'histoire du vol de voiture dans la société moderne.
- Utiliser des témoignages de voleurs de voiture à succès.
- Insister pour qu'ils prennent part à une présentation d'affaire afin de rencontrer des voleurs de voiture hauts gradés.
- Montrer aux prospects une présentation PowerPoint relatant les moments fort de l'histoire de la relocation de véhicules.
- Dévoiler au prospect combien de voitures doivent être volées pour atteindre chaque échelon du plan de rémunération.

En moins de dix secondes, nos prospects savent si l'opportunité leur convient ou pas.

Si nos prospects ne sont pas intéressés, c'est terminé. Si après ces dix secondes, on vous répond : « Non, ça n'est pas pour moi, » voici ce que nous pourrions répondre : « Hé !

Allons voir un film. Allons magasiner. » Terminé. Ce sont des adultes. Ils ont pris une décision. Nous avons honoré notre obligation de les informer sur notre opportunité. Nous n'avons pas à les importuner indéfiniment, ni à les convaincre de quoi que ce soit.

Rafraîchissant n'est-ce pas ?

Désormais, nos amis ne changeront pas de trottoir en nous apercevant. Nous serons toujours les bienvenus aux mariages, funérailles et réunions de famille.

Si, suite à notre présentation Minute, notre prospect désire joindre notre entreprise, nous pouvons simplement céduler une formation plus tard dans la semaine. Pour l'instant, nous n'avons qu'à gérer leur inscription. La portion la plus difficile du recrutement est terminée.

Et si nos prospects ont une question ou deux, soyons polis. Répondons à leur(s) question(s) aussi honnêtement et clairement que possible. Par exemple, si nos prospects demandent : « Est-ce que le nom de ta compagnie débute par une voyelle ? Je déteste les voyelles ! »

Nous répondrons : « Oui, le nom de notre compagnie débute par une voyelle. »

Si notre réponse disqualifie le prospect, c'est PARFAIT. N'est-ce pas le meilleur moment pour le découvrir ?

Aussi simple ?

On se dit en se tapant le front : « Quoi ? Vous voulez dire que nous n'aurions pas à faire des présentations de 20 minutes, 30 minutes ou même trois heures ? Nous pourrions offrir aux prospects toute l'histoire en une minute et faire autre chose de notre vie ? Ce serait fantastique. »

Cette présentation Minute serait aussi formidable au téléphone. Au placard les invitations sinueuses et trompeuses, que des réponses claires pour nos prospects.

Cette présentation Minute serait aussi formidable devant un café car inutile de prolonger la discussion si les prospects ne sont pas intéressés.

Cette présentation Minute serait aussi formidable au tout début de la présentation d'affaire, ou encore mieux, avant de les y inviter.

Alors jetons un coup d'œil à la première question dans l'esprit de nos prospects.

QUESTION #1 :
« DANS QUEL TYPE D'ENTREPRISE SOMMES-NOUS ? »

N'est-ce pas une question légitime ? En d'autres mots, sommes-nous dans l'agriculture ou l'immobilier ? Sommes-nous dans la nutrition ? Dans la course automobile ? Sommes-nous dans la médecine sportive, l'assurance ? Dans quel type d'entreprise sommes-nous ? Nos prospects désirent savoir.

Si nous sommes à la recherche d'une occasion d'affaire, pourrions-nous être intéressés sans savoir de quel type d'entreprise il s'agit ? Notre réponse serait à coup sûr : « non. »

Si nous jetions un coup d'œil à une opportunité d'affaire, et que nous n'étions pas certains du type d'entreprise dont il s'agit… nous serions catégorique : « Non. » Un esprit confus répondra toujours par : « Non. » Les prospects, tout comme nous, craignent ce qu'ils ne comprennent pas.

Alors la question numéro un que se posent nos prospects est : dans quel type d'entreprise nous œuvrons.

Nous devons donc être très clairs lorsqu'on décrit notre type d'entreprise. Sans quoi, les prospects vont reporter leurs décisions. Pourquoi ? Parce que nous n'avons pas répondu à cette première question de façon précise. C'est d'ailleurs une des raisons pourquoi plusieurs prospects répondent : « Je dois y penser. »

Alors dans quel type d'entreprise somme-nous ?

Bancaire ? Pêche sportive ? Atelier de mécanique ? Art du cirque ? Armée du Salut ? Aménagement paysager ? Médecine nucléaire ? Cordonnerie ?

Nos prospects désirent savoir.

Il y a plusieurs années, en Suède, j'ai demandé à un réseauteur :

« Dans quel type d'entreprise es-tu ? »

Il m'a répondu :

« Je suis dans la recherche globale de talent entrepreneurial en quête de liberté de temps et financière, et par lequel ils peuvent multiplier leurs efforts à travers différentes sources de revenus résiduels, et par conséquent, bonifier leurs style de vie... »

Enfin, vous comprenez le style. Pas étonnant que ce réseauteur éprouvait de sérieuses difficultés à recruter. Ses prospects n'avaient aucune idée du type d'entreprise qu'il proposait !

La question la plus difficile à laquelle doivent répondre les nouveaux distributeurs est : « Que faites-vous ? » Une multitude d'idées leur traverse l'esprit. Ils se mettent à transpirer... et tout à coup, quelque chose de semblable passe par leurs lèvres :

« Je suis distributeur pour la Compagnie Merveilleuse, de la ville Merveille, qui a débuté ses opérations en l'an merveilleux de 1991 par Monsieur Merveilleux lui-même, père merveilleux d'une famille merveilleuse. Nous avons des produits merveilleux, des employés merveilleux, un service d'expédition merveilleux, une équipe de soutien merveilleuse, merveilleux bla, bla, bla… »

Ou peut-être sommes-nous parfois trop vagues ?

- « Je suis dans l'industrie des soins de la peau. » (Le prospect pense alors que nous fabriquons des pansements pour les coupures, ou encore que nous faisons des greffes de la peau. Ou peut-être que nous distribuons des gants de latex jaune pour protéger les mains contre les nettoyants caustiques.)
- « Je suis dans l'industrie de la santé et du mieux-être. » (Et le prospect pense que changeons les bassins hygiéniques dans une maison de retraite du quartier. Ou encore que nous travaillons comme diététicien dans une école secondaire à proximité.)
- « Je suis dans le domaine des services financiers. » (Le prospect croit probablement que nous sommes commis caissier à la banque.)
- « Je suis dans les télécommunications. » (Le prospect pourrait imaginer que nous lançons en orbite des satellites. Ou encore que nous réparons des téléphones.)
- « Je suis dans le domaine des services juridiques. » (Est-ce qu'on apporte beignes et café à des avocats ?

Nous faisons le ménage dans des bureaux d'avocats ?)
- « Je suis dans l'industrie du e-commerce. »
(Qu'est-ce que c'est ? Est-ce que e-commerce vient
avant f-commerce ?)

Lorsque les prospects entendent des termes de vente
aussi flous que ceux-ci, ils se disent : « Je devrais peut-être
simuler une crise de cœur… de cette façon, je pourrais
m'éclipser en douce. »

Si nous ne savons pas comment décrire notre entreprise,
voici une astuce simple qui vous y aidera sûrement.

« Ce qui signifie. »

Lorsque l'on décrit notre entreprise, nous devrions
utiliser la phrase « ce qui signifie » afin de la connecter à
l'un de nos produits ou services, ou, à tout le moins, à un des
problèmes que nous solutionnons. Cela permettra à notre
prospect de comprendre plus précisément en quoi consiste
notre entreprise.

Quelques alternatives linguistiques à « ce qui signifie »
pourraient être : « c'est-à-dire, » « ce qui veut dire, » « en
d'autres mots, » « pour être plus précis, » « en bref… »

Vous voulez quelques exemples ?

En voici quelques uns :

- « Je suis dans l'industrie des soins de peau, pour être
plus précis, nous offrons un hydratant qui rajeunit

l'apparence de votre peau de 20 ans en seulement 45 secondes par jour. »

- « Je suis dans l'industrie de la santé et du mieux-être, c'est-à-dire que nous offrons un jus délicieux à boire. Il aide les gens à se lever une heure plus tôt chaque matin et se sentir fabuleusement bien, puis à se coucher le soir et tomber dans le bras de Morphée en moins de sept minutes. »

- « Je suis dans le domaine des services financiers, en d'autres mots, j'aide les familles à réduire leurs hypothèques, cartes de crédit et paiements de voitures. Ce qui leur permet de libérer de l'argent pour s'amuser et préparer leur retraite. »

- « Je suis dans l'industrie du voyage vacances, en bref, je montre aux familles comment s'offrir des vacances cinq étoiles pour le prix d'une bonne chambre d'hôtel. »

- « Je suis dans le secteur des fournisseurs de service, ce qui signifie que j'aide les propriétaires de maisons à obtenir de super prix pour réduire leurs factures de services, de sorte qu'ils n'ont pas à magasiner et comparer une multitude d'offres chaque mois. »

- « Je suis dans l'industrie des cosmétiques, pour être plus précis, j'aide les femmes à obtenir le look coordonné qu'ils recherchent et auquel elles ne peuvent accéder en achetant des cosmétiques au hasard. »

- « Je suis dans le domaine des filtreurs d'eau, en bref, j'enseigne aux gens comment éliminer les éléments indésirables qui se retrouvent dans l'eau qui coule de leurs éviers de cuisines. »

Vous saisissez la différence ? Maintenant, nos prospects savent exactement dans quel type d'entreprise nous évoluons.

N'oubliez pas cette formule magique : « ce qui signifie ». Ces mots nous permettront de mieux décrire notre entreprise auprès de nos prospects.

Faire les bons choix.

C'est important. Nous devons prendre le temps et s'assurer de décrire clairement notre type d'entreprise. Si nos prospects nous demandent des clarifications, c'est un indice qui devrait vous inciter à peaufiner votre description.

Si notre description est trop longue, elle sera rapidement perçue par notre prospect comme un discours de vente.

Si notre description semble exagérée parce qu'on utilise des mots tels que étonnant, incroyable, du jamais vu, parfait, unique… nous allumerons aussi l'alarme anti vendeur chez nos prospects.

Nous voulons élaborer une description qui semble naturelle. Nous ne sommes pas en train d'essayer de vendre quelque chose aux prospects. Nous devons nous limiter à répondre brièvement et clairement à cette première question fondamentale.

Prenez un moment pour rédiger un premier jet de la phrase que vous pourriez utiliser pour résumer votre entreprise à un prospect. Nous en aurons besoin plus tard lors de l'assemblage de notre présentation Minute.

Passons maintenant à la question #2.

QUESTION #2 :
« COMBIEN D'ARGENT
PUIS-JE FAIRE ? »

Je suis convaincu que nous poserions cette question si nous étions à la recherche d'une opportunité d'affaire. C'est une question légitime.

Cette question sera facile à répondre. Nous choisirons un chiffre qui nous semble correspondre au désir du prospect devant nous. Pour quelqu'un qui cherche à générer quelques centaines de dollars par mois à temps partiel, nous choisirons disons le chiffre « X ». Pour quelqu'un d'autre qui désire quitter son emploi et ériger une fortune, nous utiliserons un chiffre plus approprié, disons « Y ».

Nous souhaitons être le plus près possible de ce que recherche le prospect. Si nous parlons de milliers de dollars en revenus supplémentaires à quelqu'un qui travaille au salaire minimum, cela pourrait lui sembler inconcevable et irréaliste. À l'inverse, si on utilise le chiffre 100$ de plus par mois à quelqu'un qui recherche une entreprise à temps plein, ça ne lui semblera pas très excitant.

Alors comment déterminer le revenu à utiliser et décrire.

Utilisons notre gros bon sens.

Si nous ne savons pas combien d'argent notre prospect aimerait générer, demandons-lui ! Durant la conversation, nous pourrions par exemple lui poser cette question :

« Si vous pouviez générer un revenu supplémentaire avec notre système, combien d'argent par mois aurait un impact pour vous ? »

Sachez par contre que, la plupart du temps, nous aurons déjà une bonne idée du montant. Par exemple, si votre prospect vous a entendu parler de votre frère qui ajoute déjà 500$ à ses revenus chaque moi et, que le prospect nous dit : « Hé, ça me semble intéressant. Comment ça fonctionne ? » Nous savons déjà quel montant utiliser dans notre présentation Minute.

Nous allons élaborer quelques exemples un peu plus loin dans cette lecture. Pour l'instant, nous avons une troisième question à examiner.

Quelle est la troisième et dernière question fondamentale pour laquelle notre prospect a besoin d'une réponse afin de prendre une décision éclairée ?

QUESTION #3 :
« QUE DOIS-JE FAIRE POUR GAGNER CET ARGENT ? »

C'est la question la plus importante et, la majorité d'entre nous ne répondent pas à cette question adéquatement. On évite ce volet plus complexe à synthétiser. Résultat : les prospects retournent chez eux bredouilles et tentent de trouver des réponses par eux mêmes.

C'est moche.

C'est une autre raison majeure pour laquelle les prospects nous répondent : « Je dois y penser. »

En tant que professionnels, faisons notre boulot. Répondons clairement à la question : « Que dois-je faire pour gagner cet argent ? »

Si nous ne le faisons pas, nos prospects pourraient imaginer : « Est-ce que je dois organiser des rencontres avec une table pleine de produits dans mon salon ? Est-ce que je dois me transformer en sauteur de bungee borgne ? Est-ce que je dois détenir un diplôme en médecine sportive ? Est-ce que je dois avoir complété un Doctorat en chimie ? Dois-je être athlétique ? Que dois-je faire exactement pour gagner cet argent ? »

Est-ce que nous poserions cette question aussi ? Oui.

Nos prospects sont inquiets : « Si je dois faire des choses qui me mettent dans l'embarras, ou encore, qui ne sont pas accessibles pour moi, je préfère ne pas m'impliquer. »

Oui, nous devons y répondre.

C'est une question fondamentale… Alors si nous ne répondons pas à cette question dans notre présentation, comment pouvons-nous espérer que nos prospects prennent des décisions ?

Malheureusement, bon nombre de réseauteurs inexpérimentés fournissent de bien piètres réponses à la question #3. Ils donnent à leurs prospects des descriptions vagues telles que :

- « C'est une business de partage et de coaching. »
- « Tu n'as qu'à parler à des gens. »
- « Sois un produit du produit. »

Ouch. Ouch. Ayoye.

Nous devons plutôt décrire aux prospects l'activité qu'ils doivent effectuer pour générer ces revenus. Cette description leur permettra de compléter l'information dont ils ont besoin pour prendre une décision immédiate.

Nous ne voulons pas décrire le plan de rémunération, les bonus de volume, les niveaux de progression, etc.

Nos prospects désirent tout simplement savoir, grossièrement, dans quels types d'activités ils doivent s'impliquer pour générer les revenus en question.

Nous n'avons pas à leur lire les politiques et procédures, décrire le volume minimum de 60 jours requis pour le bonus « Commandant Star Trek », expliquer la signification légale de chaque termes utilisés, etc. Encore une fois, notre mandat se limite à décrire l'activité que doit effectuer le prospect pour gagner cet argent.

Vous voulez quelques exemples ?

Si nous proposons à nos prospects un revenu supplémentaire de 300$ par mois, nous pourrions décrire l'activité nécessaire comme suit :

- « Voici ce que vous devez faire. Chaque jour, distribuez un échantillon de notre crème super hydratante et cette brochure qui indique comment l'utiliser. Dans trois mois environ, vous devriez avoir suffisamment de clients qui utilisent notre super crème hydratante pour ajouter 300$ à vos revenus chaque mois. »
- « Voici ce que vous devez faire. À commencer par vous, puis, tout le monde à qui vous parlerez, et tout le monde à qui ils parleront et ainsi de suite, après un certain temps... vous aurez trouvé 25 familles qui ont adopté ce super jus qui leur permet de démarrer chaque journée en lion. Et vous aurez alors ajouté 300$ par mois à vos revenus. »

- « Tout ce que vous devez faire, c'est ceci. Trouvez chaque mois quatre familles qui souhaitent réduire leurs factures de service pour avoir un peu d'argent en surplus qu'elles pourront dépenser comme bon leur semble. Après 12 mois, vous aurez aidé suffisamment de familles pour ajouter 300$ à vos revenus chaque mois. »

Vous voyez la différence ?

Maintenant nos prospects savent exactement ce qu'ils doivent faire pour ajouter 300$ à leurs revenus chaque mois.

Question de politesse... et d'efficacité ! Nous devons fournir aux prospects les informations qu'ils recherchent.

FANTASTIQUE, MAIS COMMENT DOIS-JE CLORE LA PRÉSENTATION MINUTE ?

C'est maintenant l'heure de clore la vente. Vous vous sentez un peu inconfortables ?

La raison principale pour laquelle nous sommes inconfortables est que nous avons, en général, évité de clore la vente avec nos prospects dans le passé.

Pour éviter d'avoir à clore la vente, nous parlons, et parlons, et parlons encore. Nous espérons que nos prospects dévoilent soudainement leurs décisions. Nous avons peur de leur demander ce qu'ils en pensent par peur du rejet.

Notre réflexion : « Hmmm, si je leur demande d'adhérer ou d'acheter maintenant, ils pourraient bien dire non. Je me sentirai rejeté… et si j'avais oublié quelque chose ? Si j'avais laissé échapper un détail important qui pourrait faire pencher la balance ? »

Et bien, à compter d'aujourd'hui, ce problème sera résolu à jamais car, notre mandat se limite à répondre à leurs trois questions fondamentales, point barre ! Nous leur avons fourni toute l'information qu'ils recherchaient… non ? Alors conclure n'est plus un problème.

Voici une seconde raison pour laquelle nous n'aimons pas conclure. Nous ne voulons as être perçus comme des vendeurs mesquins qui tentent de manipuler les gens en utilisant des phrases telles que :

- « Même un enfant de trois ans pourrait voir le potentiel de cette opportunité. Quel est ton problème ? »
- « N'aimes-tu pas ta famille ? »
- « Est-ce que tu préfères payer en argent ou par carte de crédit ? »
- « Est-ce que tu désire signer tout de suite… ou demain ? »

Ça n'est pas de bonne guerre. Forcer les gens est très impoli. Offrons-leur plutôt la chance de se faire leur propre idée sur la place que pourrait occuper, ou non, notre option dans leur vie en ce moment.

Nous n'avons pas besoin de formules brutales et antisociales pour clore la vente. Nous avons engagé une communication agréable avec nos prospects et nous répondons à leurs trois questions fondamentales; cet échange doit donc se conclure en douceur. C'est le moment pour nos prospects de trancher et nous fournir une décision.

Jetons un œil à une première façon, douce et sans confrontation, de clore notre présentation Minute.

Clore en douceur #1 : « Et bien, qu'en pensez-vous ? »

Quel soulagement ! Nos prospects peuvent maintenant dire tout haut ce qu'ils pensent, sans risques. Comme ils le feraient dans une conversation courante. Et vous verrez, les prospects vont vraiment partager ce qu'ils pensent. Ils pourraient dire des choses telles que :

- « Je ne pense pas. Ça n'est pas pour moi. »
- « Ça semble très intéressant. Quand et comment puis-je démarrer ? »
- « Ça semble bien, mais j'ai une question. »
- « Je ne suis pas ouvert à une meilleure santé. Mon père est mort jeune, mon grand-père aussi, et je désire mourir jeune tout comme eux ! »
- « Wow. Il y a un meeting ou un événement auquel on peut assister ? »
- « Oui, j'aimerais m'impliquer. Pourrais-tu expliquer le tout à ma conjointe aussi ? »
- « Ça me semble logique. Montrez-moi comment démarrer. »
- « Je dois y penser. Y a-t-il une brochure que je puisse feuilleter ou un site internet ? J'ai toujours besoin d'un certain temps pour prendre une décision à propos de tout. »

Si notre entreprise ne convient pas à un prospect en particulier, parfait. Nous l'avons déterminé en moins d'une minute. Et si elle correspond à ce qu'il recherche, parfait. Nous avons défini le tout en moins d'une minute aussi.

Est-ce que les prospects se décident aussi rapidement ?

On pourrait se poser la question : « Les prospects ne doivent-ils pas connaître tous les détails avant de prendre une décision ? » Bien sûr que non. Vous pouvez comprendre le concept de prise de décision rapide de diverses façons. En voici une.

Un nouveau film est présenté à notre cinéma favori. Comment se dessine la décision d'y aller... ou pas. Est-ce qu'on doit lire le script du film en entier pour prendre notre décision ? Non. Un simple synopsis du film nous suffit pour décider s'il fera partie de nos choix de sorties des prochains jours. Par exemple, si on nous résume un nouveau film à l'affiche comme suit :

« Une invasion d'araignées et de serpents terrorisant de jeunes enfants. »

Avons-nous déjà pris notre décision quant à ce film ? Oui. Nous ne voulons probablement pas voir ce film. Et nous n'avons pas besoin d'informations supplémentaires pour valider notre décision.

Pour en revenir à nos moutons, nous pourrions nous lasser de conclure avec les mots : « Et bien, qu'en pensez-vous ? » Alors voici une autre façon, douce et sans confrontation, de clore notre présentation Minute.

Clore en douceur #2 : « Et c'est tout. »

À quoi pensent nos prospects lorsque nous utilisons cette finale ?

Ils se disent : « Oh. C'est déjà terminé. Je crois avoir toutes les informations dont j'avais besoin. Je pense qu'il faudrait que je prenne une décision maintenant, si c'est ce que je veux. »

Pas de pression. Pas de silences inconfortables. Pas de rejet.

Alors plutôt que de parler et parler et parler encore en espérant que nos prospects prendront l'initiative d'une décision, nous pouvons simplement clore la présentation en disant : « Et c'est tout. »

Clore en douceur #3 : « Et le reste t'appartient. »

Qui prend la décision finale ? Nous ? Nos prospects ?

Nos prospects bien entendu. Alors révélons au grand jour leurs décisions. Ils la partageront avec nous lorsque terminerons par : « Et le reste t'appartient. »

Inutile de clore en mettant de la pression. Nous avons fourni l'information dans notre présentation Minute; le prochain pas appartient à nos prospects. Et ces mots indiquent clairement que nous avons terminé et que c'est maintenant l'heure de faire un choix.

Notez qu'il n'y a pas de rejet non plus. Nous avons décrit des faits comme nous aurions résumé un film. Rien de dramatique ne se produit si des amis ne vont pas voir le film que nous leur avons recommandé. Et rien de dramatique ne se produira non plus si notre entreprise ne convient pas à un prospect en particulier.

Conversation de routine.

Imaginons une conversation naturelle entre deux personnes. Par exemple une invitation au cinéma, un rendez-vous pour dîner, une fête d'anniversaire, un weekend de plein-air…

Nous n'utiliserions pas des techniques de vente, comme offrir deux options ou autres, pour mettre l'autre au pied du mur et clore. Il serait totalement inapproprié d'inviter un ami pour un week-end à la plage en terminant notre invitation par : « Qu'est-ce qui te convient le mieux : samedi 9 heures ou dimanche 13 heures ? »

Savoir comment conclure est important. On ne souhaite pas mettre la pression ou sembler désespéré en finalisant. Et si nous ne savons pas comment clore, nous n'en finissons plus de parler en espérant que le prospect se manifeste avec une question ou une décision. C'est embarrassant et c'est une pure perte de temps pour tout le monde.

Mais devrions-nous être plus insistants pour conclure ?

Non. Si nous sommes trop insistants, nos prospects se fermeront à nous. Imaginons ce scénario. Nous disons au prospect : « Et bien, qu'en dites-vous ? » Et notre prospect répond : « Je ne suis pas certain. »

C'est un moment précieux pour ouvrir nos oreilles et fermer notre bouche car en poursuivant la conversation, le prospect pourrait bien fournir un indice sur ce qui le fait hésiter. Nous pourrons alors examiner ce qui le fait hésiter et, si nous pouvons éclairer cette zone grise. De plus, en guise de bonus, leurs hésitations nous donneront l'occasion d'améliorer notre présentation Minute pour de futurs prospects.

Parrainer n'est pas une aventure d'un jour, c'est le début d'une relation à long terme. Alors, tout au long du parcours, la vie sera plus agréable si nous arrivons à amener le prospect à se porter lui-même volontaire, sans pression, ni rejet.

Nous connaissons maintenant les trois questions fondamentales et trois façons de conclure. Il nous reste à assembler les pièces du puzzle afin de fabriquer nos propres présentations minute.

ASSEMBLONS TOUTES LES PIÈCES.

Prêts pour quelques exemples ?

Nous sommes (encore) à proximité de la machine à café au travail. Un de nos collègues de travail nous lance : « J'ai eu vent que tu as démarré un entreprise à temps partiel. De quoi s'agit-il ? »

Nous sommes prêts. Nous répondons : « Je peux te faire une présentation complète, mais cela durerait certainement une bonne minute. Quand pourrais-tu m'accorder toute une minute ? »

Notre collège de travail répond : « Hé, maintenant, c'est parfait ! » (Il est soulagé de constater que nous ne tentons pas de l'inviter à un meeting ou de l'envoyer sur un site avec des centaines d'hyperliens.)

C'est maintenant le moment de répondre aux trois questions fondamentales qui habitent son esprit. Nous disons :

◇◇◇

Si tu souhaitais ajouter 300$ par mois à tes revenus, tu dois faire ces trois choses.

Numéro un : Ne change rien. Sois toi-même. Continue à recommander et promouvoir les choses que tu aimes, comme tes films et ta musique préférés.

Numéro deux : Nous sommes dans le domaine de l'alimentation santé, c'est-à-dire que nous mettons en marché un jus 100% naturel fantastique que les gens boivent chaque matin. Son goût est délicieux, il reconstruit notre système immunitaire, et nous fait sentir vigoureux comme à nos 16 ans, mais avec plus de jugeote. Les gens de notre âge l'adorent.

Numéro trois : Tout ce que tu dois faire, c'est de laisser savoir aux gens de notre génération qu'on peut soit abandonner et se sentir vieux ou, on peut boire ce jus et recommencer à se sentir top niveau. Éventuellement, tu dénicheras trente personnes qui boiront aussi ce jus à chaque matin, et c'est à ce moment que tu auras ajouté 300$ à tes revenus chaque mois.

Et bien, qu'en dis-tu ?

◇◇◇

Terminé.

Nous avons répondu aux questions de notre prospect. Les réponses étaient claires. À ce moment, notre prospect peut prendre une décision éclairée à savoir, si c'est pour lui… ou non.

Prenez note que tout s'est déroulé sans pression et, sans arguments de vente. Nous n'avons fourni que des faits et des réponses à ses questions. Et souvenez-vous que trois scénarios s'offrent au prospect suite à notre présentation Minute :

Choix #1 : Je désire joindre ton entreprise.

Choix #2 : Je ne désire pas joindre ton entreprise.

Choix #3 : Ton entreprise semble intéressante, mais j'ai une question ou deux.

Nous n'avons pas abîmé la relation avec notre prospect. Nous n'avons fait que répondre à ses questions dans une simple conversation. Et le processus en entier a nécessité moins d'une minute. En fait, cette présentation en particulier a plutôt duré 30 secondes. Soyez rassurés, aucun prospect ne montera aux barricades si nous terminons notre présentation un peu plus tôt.

Un autre exemple de présentation minute ?

À nos deux phrases magiques, notre prospect répond : « Oui, j'ai une minute. Donne-moi plus de détails. » Nous nous lançons :

◇◇◇

Si tu désires faire 1000$ de plus par mois, tu dois faire ces trois choses.

Numéro un : Ne change rien. Sois toi-même. Continue à recommander et à promouvoir des choses que tu aimes, comme ta musique préférée ou ton magasin de vêtements favori.

Numéro deux : Notre compagnie se nomme : « Comprimés Diète pour les Nuls, » nous fabriquons des comprimés diète que les gens prennent en se levant le matin et qui leur permettent de « fondre » tout au long de la journée.

Numéro trois : Tout ce que tu as à faire, c'est de distribuer cette petite brochure avec un échantillon à deux ou trois personnes qui ont un surplus de poids chaque jour. Dans environ 90 jours, tu auras trouvé suffisamment de gens qui ont adopté ces comprimés pour ajouter 1000$ à tes revenus par mois.

Et le reste t'appartient.

◇◇◇

Encore une fois, clair et droit au but. Les prospects sont soulagés. Ils n'auront pas à subir la tourmente des questions sans réponses.

Un autre exemple ?

Un autre confrère de travail répond : « Oui, j'ai une minute. Viens-en au fait. Je n'ai pas beaucoup de temps. » Et Hop ! Nous voilà repartis :

◇◇◇

Si tu souhaitais faire un 500$ en extra par mois, tu devrais faire ces trois choses.

Numéro un : Ne change rien. Sois toi-même. Continue à recommander et promouvoir les choses ou les gens que tu apprécies comme ton conseiller financier et la banque où tu transiges.

Numéro deux : On nous surnomme les « Avocats au bout du fil ». Nous offrons aux gens l'aide d'un avocat par téléphone pour menacer leur propriétaire, obtenir leur revanche avec le nettoyeur à sec, être remboursé par l'atelier de transmission ou, annuler ces stupides contraventions qu'on vous a infligées par erreur... Tout ça pour seulement 25$ par mois.

Numéro trois : Tout ce que tu dois faire, c'est de laisser savoir aux gens qu'ils n'ont plus à assumer des frais d'avocat faramineux en les invitant à nos dîners hebdomadaires « Sauvons nos droits ». Donc, chaque semaine, invite quelques confrères de travail ou des amis à nos dîners gratuits. La plupart voudront devenir membre comme nous. Après quelques mois, tu gagneras 500$ en extra par mois.

Et c'est tout !

◇◇◇

Terminé.

Avons-nous répondu aux trois questions ? Oui. Nous avons dévoilé à notre confrère de travail dans quel type d'entreprise nous sommes. Nous lui avons dit combien d'argent il pourrait faire. Et finalement, nous lui avons donné un aperçu de ce qu'il faut faire pour gagner cet argent.

Est-ce que celui-ci a suffisamment d'information pour prendre une décision ? Oui.

Il a maintenant trois choix :

1. Joindre.

2. Ne pas joindre.

3. Poser des questions pour finaliser sa décision.

Ce qu'il y a de plus génial avec la présentation Minute, c'est que peu importe le choix que fera notre collègue de travail, notre réponse sera toujours la même : « OK. »

Si notre collègue désire joindre, nous disons : « OK. »

Si notre collègue ne désire pas joindre, nous disons : « OK. »

Si notre collègue souhaite poser quelques questions, nous répondons encore une fois : « OK. »

Facile.

Détendons-nous. Ça n'est pas notre décision.

Souvenez-vous, nous ne sommes pas responsables des décisions de nos collègues de travail; c'est leurs vies. Nous ne pouvons pas nous soucier des choix qu'ils font. Nous n'avons pas d'agenda caché. Nous n'avons fait qu'ajouter une autre option à leurs vies. C'est à eux d'en tirer avantage, ou pas.

Imaginons le nombre de présentations que nous pourrions offrir dans une journée si nos présentations duraient moins d'une minute.

Imaginons combien faire des présentations serait agréable si nous étions détendus et, que nous laissions aux prospects le soin de prendre leurs propres décisions ?

Imaginons comment le fait d'utiliser la présentation Minute réduit à néant toute forme de rejet puisqu'on laisse le futur de nos prospects entre leurs mains ?

Imaginons l'utilisation de la présentation Minute au téléphone… Aucun sentiment de panique lorsque les prospects demandent : « De quoi s'agit-il exactement ? » Nous pourrions leur parler sans détour. Nous n'aurions plus à répondre : « Oh, vous devez absolument libérer une soirée cette semaine pour assister à une présentation d'affaire qui répondra à vos trois questions. »

Le bénéfice majeur.

Et que pensent la plupart des prospects après avoir entendu la présentation Minute ? Ils se disent :

- « Hé, je peux faire ça. »
- « Hé, si tu peux le faire, je peux certainement le faire aussi. »
- « Je n'aurai pas l'air d'un vendeur. J'adore. »
- « Je n'ai pas à mémoriser tout un tas d'information. C'est simple. »

Finalement…

Souvenez-vous qu'une mauvaise présentation Minute est davantage appréciée par les prospects qu'une présentation parfaite de deux heures. Nous n'avons pas à être excellents ou fantastiques. Nos prospects vont apprécier notre brièveté. Ils peuvent toujours poser des questions pour obtenir plus de détails par la suite.

UN BRIN DE POLISSAGE.

Une fois que nous avons saisi les bases de la présentation Minute, nous pouvons apporter des modifications, améliorations, et s'amuser. Voici quelques exemples de ce que nous pouvons dire une fois que nous avons généré le « rendez-vous ». (Je peux te faire une présentation complète, mais cela durerait certainement une bonne minute. Quand pourrais-tu m'accorder toute une minute ?)…

◇◇◇

Filtreurs d'eau.

Si tu souhaites ajouter 1000$ à tes revenus chaque mois, tu dois faire ces trois choses.

Numéro un : Ne change rien. Continue à recommander les choses que tu aimes, comme ton livre favori ou ton activité préférée le week-end.

Numéro deux : Nous sommes dans la filtration de l'eau. Tout le monde en ville déteste le goût de l'eau du robinet. On croirait qu'elle sort tout droit de la machine à laver. Et les gens ont horreur de trimbaler des bouteilles d'eau du magasin à la maison.

Numéro trois : Voici ce que tu dois faire. Chaque jour, tu prêtes un filtreur d'eau à quiconque souhaite améliorer la qualité et le goût de l'eau à la maison. Après un mois, 30 foyers auront essayé notre filtreur d'eau et, statistiquement, 10 à 15 d'entre eux l'auront adopté et souhaiteront le conserver.

C'est à ce moment que tu auras ajouté 1000$ à tes revenus par mois.

Alors, qu'en dis-tu ?

Cartes de souhaits.

Si tu veux gagner 400$ de plus par mois, tu devras faire ces trois choses.

Numéro un : Ne change pas. Continue à recommander des choses que tu aimes comme ton émission de télé favorite ou ton site d'achats en ligne préféré.

Numéro deux : Nous distribuons des cartes de souhaits. Tout le monde déteste se rendre au magasin pour acheter des cartes de souhaits hors de prix. Cartes d'anniversaires, cartes de remerciements et autres cartes. Nous leur expliquons comment les commander et les expédier à partir de leur ordinateur. Nous imprimons leurs cartes et apposons même le timbre pour eux. De plus, nos cartes personnalisées coûtent moins de la moitié de celles qu'on retrouve en magasins.

Numéro trois : Voici ce que tu dois faire. Quelques fois par semaine, tu montres aux gens à quoi ressemblent nos jolies cartes de souhaits personnalisées. Certains vont allumer et dire : « Wow ! » Et d'autres seront indifférents.

Tu aides tout simplement ceux qui ont allumé à ouvrir leur compte en ligne. Après quelques mois, tu auras ajouté environ 400$ à tes revenus par mois.

Alors, qu'en dis-tu ?

Services de réduction de dettes.

Si vous souhaitiez mettre 500$ de plus dans vos poches pour voyager, vous devriez faire ces quatre choses.

Numéro un : Ne changez pas. Continuez à recommander les choses que vous aimez comme votre fiscaliste ou votre dentiste.

Numéro deux : Nous aidons les gens à éliminer leurs dettes et reconstruire leur crédit sans débourser un sous de plus par mois. Tout le monde souhaite une vie sans dettes.

Numéro trois : Tout ce que vous devez faire, c'est d'aider quatre familles par mois à s'inscrire à notre plan de service à 25$ par mois pour commencer à réduire leurs dettes immédiatement.

Numéro quatre : Vous devrez aussi mettre à jour votre passeport car désormais, vous aurez l'argent nécessaire pour voyager avec style.

C'est ainsi que vous pourriez ajouter 500$ à vos revenus chaque mois.

Et voilà !

◇◇◇

Vous remarquez les similitudes ?

Primo, dans chacune des présentations Minute jusqu'ici, nous avons démarré avec des mots similaires à : « Si tu souhaites gagner ___$ de plus… »

Pourquoi ? Parce que ces mots indiquent aux prospects que nous irons droit au but. Nous ne voulons pas que nos prospects souffrent d'anxiété. Avec ces mots, nous répondons à la question : « Combien d'argent puis-je faire. »

Et si nous avons déjà décelé le montant d'argent approximatif qui stimulerait nos prospects plus tôt dans la conversation, cette phrase leur rappelle le montant d'argent dont nous avions parlé.

Secundo, nous utilisons la formule : « Tu devras faire ces trois choses. » Vous avez probablement noté que nous pouvons aussi dire « quatre choses » si ça permet d'expliquer avec plus de précision ce que l'on fait ou encore, de positionner un bonus particulièrement alléchant offert par notre compagnie.

Fantastique ! Nos prospects se disent : « Excellent ! Droit au but. Pas de perte de temps. Trois choses tu dis ? Je me demande bien quelles sont ces trois choses. Dis-moi tout, maintenant. Je n'aurai pas à me farcir une longue et pénible présentation remplie d'informations superflues. Que les détails importants. »

Et nous poursuivons par : « Numéro un. »

Nos prospects sont éblouis : « Une explication claire et simple. Une liste rapide de ce que je dois faire. Excellent. Je devrais être en mesure de me faire une idée rapidement. »

Pouvons-nous changer les mots dans cette recette ? Bien entendu. Mais nous devons à tout le moins savoir pourquoi ces mots font partie de nos présentations. Nous voulons mettre nos prospects à l'aise en passant rapidement aux faits.

Cela devient de plus en plus facile n'est-ce pas ?

Prêts pour des exemples supplémentaires de présentations Minute ?

◇◇◇

Café santé.

Si tu souhaitais mettre 500$ de plus dans tes poches chaque mois, tu devrais faire ces trois choses.

Numéro un : Ne change pas. Continue à recommander les choses que tu aimes comme ton comptoir de beignes ou ton bistro favori.

Numéro deux : Nous sommes dans le secteur des cafés santés. En bref, les amateurs de café peuvent boire nos cafés gourmets chaque jour sans se soucier de leurs estomacs. De plus, nos cafés les aident à maintenir une bonne santé.

Numéro trois : Tout ce que tu as à faire, c'est de t'asseoir avec trois personnes chaque jour et discuter avec eux autour d'un café. Au bout de trois mois, tu auras suffisamment de clients qui consomment nos cafés gourmets ou, qui les promotionnent et, tu auras environ 500$ de plus en poche par mois. Tu as bien compris, trois pauses café par jour et le tour est joué.

Et le reste t'appartient.

◇◇◇

Une approche de plus en plus polie... et sensible.

Imaginons une discussion avec un prospect dans la file d'attente à la banque. Le prospect dit : « Allez-y, j'ai une minute devant moi. Dites-moi tout. Comment cela fonctionne ? Dites le moi maintenant » Puisque notre approche est de plus en plus polie et que nous sommes sensibles à sa demande :

◇◇◇

Services financiers.

Monsieur Prospect. Si souhaitiez générer 2000$ de plus par mois, voici ce que vous devriez faire.

Numéro un : Ne changez pas. Vous avez mentionné que vous aimez aider les gens alors, vous n'avez qu'à continuer à faire une différence dans la vie des gens.

Numéro deux : Nous œuvrons dans les services financiers, c'est-à-dire que nous guidons les gens dans leur opérations bancaires, hypothèques, assurances et épargne retraite. Les gens ne sont pas experts dans ces domaines, et nous pouvons les aider grandement.

Numéro trois : Tout ce qu'il vous faut faire, c'est d'aider une famille par semaine. Prendre une soirée ou deux pour restructurer ses finances afin de pouvoir se permettre des assurances adéquates et investir en ne changeant rien au budget. Et tout en aidant ces familles à se remettre sur les rails, vous ajouterez 2000$ par mois à vos propres revenus.

Et bien, qu'en dites-vous ?

◇◇◇

Plus nous entendrons et assimilerons ces exemples, plus nous deviendrons confortables dans l'art de fournir à nos prospects des réponses courtes à leurs questions.

Mais…

Avez-vous remarqué cette autre similitude ?

Avez-vous noté comment nous répondons à la question numéro trois ? Nous débutons de cette façon : « Tout ce que tu dois faire, c'est… »

Pourquoi ?

Parce ces mots indiquent à nos prospects, encore une fois, que nous allons leur donner une vue d'ensemble, maintenant. Ils n'auront pas à attendre ou à subir une présentation de vente. Nous allons leur résumer l'activité requise en quelques mots. Ce qui contribue à maintenir nos prospects dans un état décontracté et, évitera de sonner l'alarme anti-vendeur.

Mais ça n'est pas tout. Quelque chose d'autre se produit quand on dit : « Tout ce que tu dois faire, c'est… » Nos prospects se disent : « Hé, ce sera simple et réalisable. Ce sera probablement quelque chose que je peux faire et/ou apprendre. »

Autre similitude, nous fermons le tout avec une formule similaire à : « Et c'est à ce moment que tu gagneras ___$ de plus par mois. » Grâce à ces mots, nous rappelons aux prospects qu'ils souhaiteraient bien gagner cet argent supplémentaire chaque mois !

Souvenez-vous, nous fournissons à nos prospects une idée générale de ce qu'ils auront à faire. N'allons pas ajouter une heure de détails pour que notre présentation contienne 100% de l'information. Ce que souhaitent nos prospects dans l'immédiat, c'est une idée générale de ce qu'ils doivent faire pour gagner cet argent.

Quel bon moment pour d'autres exemples.

Chaque présentation Minute que nous créons doit être considérée comme une pierre brute. Au fil du temps, nous raffinons nos présentations Minute et augmentons leurs efficacités. Pour ce faire, soyons attentifs aux questions, commentaires et réactions de nos prospects, aux indices de notre lignée de parrainage ou, à un livre qui décrit notre entreprise de façon admirable. Ne soyons pas démoralisés par nos premiers essais. Tout prend place et s'améliore rapidement avec un peu de temps et de pratique.

Les prospects sont partout. Une amie au travail se plaint que son employeur l'exploite, qu'elle est sous-payée. Elle désire gagner plus, mais n'en voit pas la possibilité dans le poste qu'elle occupe. Nous lui demandons : « Alors, combien d'argent aimerais-tu gagner ? » Elle répond : « Je souhaiterais gagner 2000$ par semaine. Avec ce montant, je pourrais faire les choses et vivre comme je le veux. »

On lui tend la perche : « Aimerais-tu connaître une façon de gagner autant d'argent ? » Bien entendu, elle répondra : « Oui ! »

C'est la clé. Nous n'avons pas à être nerveux. Nous lui offrirons tout simplement une option supplémentaire. Aucun risque de rejet. Nous ne ferons que lui fournir les faits.

Alors nous poursuivons : « Je peux te faire une présentation complète, mais cela durerait certainement une bonne minute. Quand pourrais-tu m'accorder toute une minute ? »

Le tour est joué ! Ses oreilles sont grandes ouvertes maintenant.

◇◇◇

Soins de peau.

Si vous souhaitiez ajouter 2000$ dans votre compte en banque chaque semaine, vous devriez faire quatre choses.

Numéro un : Ne changez pas, continuez à utiliser vos compétences de communicatrice pour recommander et promouvoir les choses que vous aimez. Vous êtes déjà ultra qualifiée.

Numéro deux : Nous sommes dans le domaine des soins de peau antivieillissement. Nous offrons un système de soins de peau qui procure des résultats en seulement 48 heures. Toutes les femmes cherchent à ralentir, voire même renverser l'impact des années sur leurs peaux. Elles désirent des résultats concrets.

Numéro trois : Tout ce qu'il vous faut faire, c'est de dénicher cinq femmes par semaine disposées à faire l'essai de notre « Trousse d'essai quatre jours pour la peau. » Vous les laissez ensuite décider si elles préfèrent avoir l'air plus jeunes désormais ou, continuer de vieillir comme auparavant. Avec un peu de temps, vous accumulerez 150 à 200 clientes satisfaites qui adorent ce que vous avez fait pour leurs peaux.

Numéro quatre : Vous devrez ensuite vendre votre voiture parce que, lorsque vous avez accumulé 60 clientes et plus, la compagnie vous offrira un tout nouveau véhicule de luxe et, vous aurez besoin d'espace dans le stationnement pour cette nouvelle voiture.

Et c'est ainsi que vous atteindrez les 2000$ par semaine.

Alors, qu'en pensez-vous ?

◇◇◇

Attendez ! Il y a une autre similitude.

Des trois ou quatre étapes de notre présentation Minute, numéro un débute toujours par : « Ne changez pas… »

Pourquoi ?

Parce que les gens détestent changer !

Lorsque nous disons à nos prospects qu'ils n'ont pas à changer, nous remarquons que leurs épaules se détendent et que la tension se dissipe dans leurs visages. L'être humain possède une peur naturelle et une réticence au changement. Changer pourrais nous extirper de notre zone de confort. Le changement comporte des risques.

Mais si nos prospects n'ont pas à changer, ils se disent : « Oh oui ! Enfin quelque chose que je peux faire ! »

Imaginez ce que les prospects pourraient s'imaginer si nous leur disions qu'ils doivent changer ! Oh la la ! Ils pourraient tout aussi bien se voir faire du porte-à-porte à supplier les gens, ou encore devoir devenir un conférencier motivateur survolté. Lorsque nos prospects entendent qu'ils n'ont pas besoin de changer, ces peurs ne s'activent pas dans leur esprit.

Nous obtenons donc, dès le départ, une réaction plus positive de nos prospects si l'on compare avec nos expériences passées. Plutôt que de se battre contre des sourcils froncés et des bras croisés, nous faisons face à des prospects plutôt excités à l'idée de n'avoir rien à changer.

Auparavant, notre discours était relativement différent... Trouvez l'erreur :

« Afin de connaître du succès dans notre entreprise, la première chose que tu dois faire, c'est de changer. Oui monsieur, tu dois changer ton attitude, changer tes croyances, changer ta façon de penser, changer de famille, changer ton cercle d'amis, changer ta routine de fin de semaine et adapter ton agenda les soirs de semaine aussi. Oui, tu dois changer. »

Plutôt facile de trouver l'erreur, pas vrai ?

Mais lorsque nous débutons notre présentation par « Ne change rien, » la dynamique change dans l'esprit de notre prospect.

Si notre tante, notre nièce, notre neveu et notre collègue de travail pensent tout bas : « Je n'ai pas à changer, wow ! Excellent ! » En utilisant ces mots, nous leur avons induit la croyance qu'ils peuvent avoir du succès dans notre entreprise. Parce que, ne l'oublions pas, les gens détestent sortir de leurs zones de confort.

Lorsque nous quittons notre zone de confort, nous sommes inconfortables.

Voyons si nous pouvons découvrir le problème dans cette autre présentation :

« Et bien, monsieur Prospect, afin de connaître le succès, la première chose à faire est de sortir de votre zone de confort. Trouvez un projecteur et animez une présentation chez votre tante pendant qu'elle se roule par terre, hystérique, en se moquant de vous. Laissez-vous rejeter par téléphone. Approchez des étrangers dans la rue. Bref, sortez aussi souvent que possible de votre zone de confort. »

Lorsque nous débutons par : « Ne change rien », notre prospect jubile : « Hé, enfin une opportunité sur laquelle je peux capitaliser. »

« La plupart des gens font du marketing relationnel tous les jours; ils ne sont tout simplement par payés pour. »

Si vous avez lu d'autres livres de notre collection, vous reconnaissez sans doute cette phrase clé. C'est dans notre nature, en tant qu'êtres humains, de recommander et promouvoir les choses que nous aimons ainsi que nos découvertes. Tout le monde le fait... depuis toujours.

Alors si une personne recommande et fait la promotion de choses instinctivement chaque jour, ne devrait-elle pas avoir l'opportunité d'être rétribuée pour cet effort marketing ? Nous offrons aux gens le choix.

Ils n'ont pas à changer. C'est quelque chose qu'ils font déjà. Nous leurs offrons simplement l'option de récolter leur part.

« Ne change pas » est une bonne, très bonne chose à dire.

Amusons-nous avec d'autres présentations Minute.

◇◇◇

Boissons énergétiques.

Si tu désirais accroître tes revenus de 200$ par mois sans demander d'augmentation à ton patron, tu devrais faire trois choses.

Numéro un : Ne change pas. Continue à recommander les choses que tu aimes, comme ta collation ou ton salon de thé préféré.

Numéro deux : Nous sommes dans le créneau des boissons énergétiques. Les gens adorent les boissons énergétiques et ils en achètent chaque jour. Mais ils recherchent une option plus santé. Notre breuvage énergétique « Foudre en cannette » est nutritif et bon pour eux.

Numéro trois : Tout ce que tu dois faire, c'est de demander à deux personnes par jour : « Aimerais-tu essayer une boisson énergétique qui est aussi bonne pour ta santé ? » À la fin du mois, tu auras référé suffisamment de gens qui consomment notre boisson pour ajouter 200$ à tes revenus par mois.

Et le reste t'appartient !

◇◇◇

Je vous ferai remarquer que nous ne faisons rien de spécial, rien de fantastique, rien d'innovateur, ni rien qui demande une intelligence supérieure. On ne fait que résumer simplement ce que les gens doivent faire pour générer un revenu X ou Y dans notre système.

◇◇◇

Télécommunications.

Si tu souhaites gagner 200$ de plus par mois, tu devras faire ces trois choses.

Numéro un : Ne change pas. Continue à recommander les choses ce que tu aimes, comme ton dentiste ou une destination vacances que tu as adorée.

Numéro deux : Nous sommes dans le secteur des télécommunications, en résumé, nous aidons les gens à épargner une petite fortune sur leurs appareils cellulaires et leurs forfaits mensuels.

Numéro trois : Ce que tu dois faire est simple. Chaque mois, tu trouves une personne qui aimerait joindre notre équipe de promotion et, tu aides ensuite cette personne à trouver ses cinq premiers clients satisfaits qui optent pour notre forfait cellulaire à rabais.

Et c'est ainsi que tu gagneras 200$ de plus par mois.

Et c'est tout ! Le reste t'appartient ! Alors qu'en penses-tu ?

◇◇◇

(Bon d'accord, utiliser trois phrases pour conclure est un peu agressif.)

◇◇◇

Voyages à rabais.

Si vous vouliez ajouter 400$ à vos revenus par mois, vous devriez faire ces trois choses.

Numéro un : Ne changez rien. Continuez à recommander les choses que vous aimez telles que vos activités favorites le week-end ou, votre destination vacances préférée.

Numéro deux : Nous sommes leaders des voyages à rabais. En d'autres mots, nous aidons les familles à s'offrir des vacances cinq étoiles pour le prix d'une bonne chambre d'hôtel. Les familles doivent prendre des vacances de toute façon alors, ils adorent en obtenir plus pour leur argent.

Numéro trois : Tout ce que vous devez faire, c'est de demander à deux personnes par jour : « Aimerais-tu passer de super vacances cette année sans débourser un sous de plus ? » Après environ deux mois, suffisamment de familles auront adopté notre service et vous aurez ajouté 400$ à vos revenus par mois.

Et c'est tout ! Le reste vous appartient !

◇◇◇

C'est plus clair maintenant ?

Plus c'est simple et plus c'est clair, mieux c'est. Nous devons éviter de succomber à la tentation de mettre toutes les bonnes choses que nous avons apprises par le passé à l'intérieur de notre présentation.

Voici un exemple de présentation qui **vend un peu trop**.

◇◇◇

Santé et mieux-être. (Oups ! Nous sommes déjà flous !)

Si tu souhaite créer un revenu temps plein extra, tu devras faire ces trois choses.

Numéro un : Et bien, ne change strictement rien. Continue à apprécier les conversations de tous les jours avec les gens, comme tu le fais avec moi en ce moment. Assure-toi d'être amical et sincère, comme tu l'es avec moi maintenant. Et continue à souhaiter une santé optimale.

Numéro deux : Nous sommes dans l'industrie de la santé et du mieux-être, c'est-à-dire que nous avons une formule brevetée, 100% naturelle qui révolutionne la médecine moderne. Elle est le résultat de 40 années de recherches par des scientifiques émérites. Cette fabuleuse découverte change littéralement la vie des gens.

Numéro trois : Tout ce que tu devras faire, c'est exactement ce que tu fais avec moi en ce moment, c'est-à-dire, parler aux gens. Leur parler de la science derrière nos produits. Leur montrer ensuite notre livre de témoignages de clients qui adorent notre miracle nutritionnel et l'impact qu'ils ont ressenti au niveau de la capacité de production de leurs mitochondries. Lorsqu'ils te posent la même question que tu m'as toi-même posée, tu ne fais que répéter ce que je t'ai dit à l'instant. Cela prend environ une minute. En faisant tout ça : en étant amical et sincère, en souhaitant une santé optimale, en parlant à quelques personnes par jour, cinq jours par semaine, en partageant avec eux ce que j'ai partagé avec toi, et en fournissant plus de détails à ceux qui le désirent, tu auras crée un revenu temps plein supplémentaire dans environ deux ans.

Prêt à signer ?

◇◇◇

Ouach.

Pouvez-vous déterminer à quel endroit tout a foiré ? Voyons si nous pouvons améliorer cette présentation qui vend beaucoup trop, et la rendre plus simple. Voici une version rééditée. Demandez-vous laquelle aurait le plus d'attrait auprès d'un prospect.

◇◇◇

Santé et mieux-être.

Si tu souhaites gagner un revenu temps plein, tu devras faire ces quatre choses.

Numéro un : Ne change pas. Continue à parler de ce qui te passionne.

Numéro deux : Nous sommes dans le domaine de la santé Nous aidons les gens à s'assurer une vie plus longue et en santé. Nous souhaitons tous voir nos petits-enfants se marier. Comment y arriver ? En prenant chaque jour un super comprimé jaune qui protège notre corps. La plupart des gens adoreraient avoir la chance de s'assurer une vie plus longue et en santé.

Numéro trois : Tout ce que tu aurais à faire, c'est de partager cette solution du comprimé jaune avec une nouvelle personne par jour. Durant les deux prochaines années, tu auras accumulé suffisamment de clients et de passionnés qui souhaitent aussi partager cette solution pour créer un revenu temps plein.

Numéro quatre : Tu devras alors décider si tu souhaites demeurer à ton emploi, ou encore, quitter ton emploi et continuer à partager notre solution comprimé jaune.

Alors, qu'en dis-tu ?

◇◇◇

Mieux ?

Certainement. La différence est palpable. Toutes nos présentations Minute sont des œuvres inachevées, on peut les polir à volonté.

Notre objectif devrait être de toujours les rendre plus simples et plus claires. Certains mots font lever le drapeau « vendeur » et d'autres mots sont trop complexes. Nous développons une expertise envers nos produits et nous acquérons dans le processus un vocabulaire très spécialisé. La plupart de nos prospects ne sont pas familiers avec tout ça alors, demeurons simples et accessibles.

Ne sombrons pas dans le désespoir si notre présentation Minute ne semble pas au point à nos débuts. Rédiger, tester et polir deviendront instinctif, amusant et de plus en plus facile après un certain temps.

Par exemple, si nos prospects roulent les yeux en nous écoutant, c'est un bon indice que cette section de la présentation est à retravailler. Et soyez toujours à l'affut car, dans un meeting, vous pourriez entendre un autre distributeur décrire les choses d'une façon que vous aimez.

Nos présentations Minute seront de plus en plus efficaces au fil du temps. Bientôt nous serons en amour avec notre présentation Minute et nos prospects, encore plus.

Ça vous irait de renforcer davantage la connexion et d'ajouter quelques mots magiques ?

En progressant dans nos connaissances et aptitudes en marketing relationnel, nos présentations Minute deviendront encore plus performantes. Commençons en ajoutant quelques mots magiques à une présentation Minute qui traite d'une nécessité de notre quotidien. Oui, un service.

◇◇◇

Services.

Si vous désiriez ajouter 200$ par mois à vos revenus, vous devriez faire ces trois choses.

Numéro un : Ne changez pas. Continuez à recommander les choses que vous aimez, comme votre restaurant préféré ou encore, votre passe-temps favori.

Numéro deux : Vous savez, tout le monde reçoit une facture d'électricité, une facture de gaz naturel, une facture de téléphone, une facture de cellulaire et même, une facture pour l'internet. Et bien, nous montrons aux gens comment obtenir un rabais instantané sur ces factures en remplissant un petit formulaire qui ne prend que quelques minutes en ligne.

Numéro trois : Tout ce que vous devrez faire, c'est d'aider une personne par semaine à recevoir ce rabais en l'aidant à remplir son formulaire en ligne. Et vous aurez bientôt ajouté 200$ par mois à vos revenus.

Alors est-ce que ça vous irait d'aider quelques uns de vos amis à épargner de l'argent et même, d'être payé pour le faire ?

Antioxydants.

Si tu cherchais à gagner 300$ de plus par mois, tu devrais faire ces trois choses.

Numéro un : Ne change pas. Continue à recommander et promouvoir les choses que tu aimes, comme ton médecin favori ou ton endroit préféré pour faire du shopping.

Numéro deux : Et bien, tu sais comment tout le monde déteste vieillir ? Nous aidons les gens à ralentir le processus de vieillissement pour qu'ils puissent rester jeunes plus longtemps. Les gens adorent ça. Et ils le font en prenant deux capsules de super antioxydants par jour.

Numéro trois : Tout ce qu'il te faudrait faire, c'est de trouver une personne par semaine qui souhaite vivre plus longtemps et prendre soin de son corps en ajoutant deux capsules de super antioxydants à son alimentation. Et, après deux ou trois mois, tu aurais suffisamment de gens qui ont adopté ces capsules de super antioxydants pour ajouter 300$ à tes revenus par mois.

Alors, est-ce ça t'irait d'aider quelques amis à vivre plus longtemps, et même, d'être payé pour le faire ?

◇◇◇

Est-ce que les choses deviennent plus claires ?

Devinez ce qui se produit lorsque j'offre un atelier sur la présentation Minute ? Lorsqu'un volontaire accepte de tester sa nouvelle présentation, quelques participants à l'atelier disent : « Hé ! Ça semble très intéressant ! Viens me voir à la pause. »

Pourquoi ? Parce qu'il y a un désir et un marché inassouvis pour nos produits et services. Plusieurs personnes sont impatientes de trouver ce qu'on peut leur offrir. Leurs besoins existaient déjà auparavant, mais nous ne leur avions pas expliqué clairement. Maintenant que notre offre est facile à comprendre, ils sauteront sur l'occasion pour acheter et/ou se joindre à nous.

Toutes ces présentations Minute sont courtes. Est-ce que je peux faire la mienne un peu plus longue ?

Bien sûr. Souvenez-vous tout simplement que courte et simple vaut mieux que longue et complexe. Nous ne voulons pas que nos prospects aient à analyser et mémoriser trop de faits et détails.

Ceci dit, fabriquons quelques présentations Minute plus longues pour démontrer comment il est possible d'expliquer des plans de rémunération compliqués, si c'est ce que souhaitent nos prospects.

◇◇◇

Cure de nettoyage.

Si vous souhaitiez générer 5000$ de plus par mois, vous devriez faire ces quatre choses.

Numéro un : Ne changez pas. Continuez à recommander et promouvoir les choses que vous aimez, comme par exemple votre comptoir de beignes favori ou encore, votre pizzéria préférée.

Numéro deux : Et bien, vous savez combien il est difficile de perdre du poids ? Nous aidons les gens en surplus de poids à mieux le gérer grâce à une cure de nettoyage hebdomadaire simple qui permet à leurs corps de fonctionner plus efficacement.

Numéro trois : Quelque part au cours de votre vie, vous devrez dénicher quatre personnes qui ressentent la même passion que vous pour cette entreprise. Quatre personnes qui désirent générer un revenu temps plein, ou encore un bon revenu à temps partiel en aidant les autres à gérer leurs poids. Vous n'avez pas à trouver ces quatre personnes immédiatement. Vous le ferez à votre rythme. Une personne par mois, une par décennie, bref, au courant de votre vie, trouver quatre personnes qui ressentent la même chose que vous.

Numéro quatre : À commencer par vous, puis, tous les gens à qui vous parlerez, et tous les gens à qui ils parleront, encore et encore, vous accumulerez environ 300 clients qui utilisent notre cure de nettoyage. Et c'est ainsi que vous aurez ajouté 5000$ à vos revenus chaque mois.

Et… c'est tout !

Services légaux.

Si tu souhaitais ajouter 500$ à tes revenus par mois, tu devrais faire ces quatre choses.

Numéro un : Ne change pas. Continue à recommander les gens et les choses que tu aimes comme ton préparateur d'impôt ou ton fournisseur de services favori.

Numéro deux : Et bien, tu sais comme moi que les petits problèmes légaux sont fréquents mais, que nous les négligeons parce que les frais d'avocats sont très coûteux ? Nous offrons aux familles l'aide d'un avocat par téléphone pour régler tous ces petits problèmes légaux. Nos avocats offrent ce service pour seulement 30$ par mois. De cette façon, plus personne ne peut abuser de nous.

Numéro trois : Tous les jeudis soirs, nous avons une présentation qui explique le fonctionnement de ces services légaux. La présentation ne dure que 18 minutes. Tout ce que tu devrais faire, c'est de trouver deux ou trois personnes qui aimeraient assister à cette présentation chaque semaine.

Numéro quatre : Règle générale, la moitié des gens qui regardent la présentation diront : « Oui, c'est exactement ce dont j'ai besoin. » Tu les aiderais alors à remplir leur formulaire de membre en ligne et, tu répondrais à leurs questions s'il y en a.

Et c'est ainsi que tu pourrais gagner 500$ de plus par mois.

Et… c'est tout !

Purificateurs d'air.

Si vous désirez mettre 500$ de plus dans vos poches par mois, vous devrez faire ces trois choses.

Numéro un : Ne changez pas. Continuez à recommander et promouvoir les choses que vous aimez telles que votre équipe sportive favorite, votre voiture ou votre marque de bière préférée.

Numéro deux : Nous œuvrons dans la purification d'air, c'est-à-dire que nous aidons les gens à jouir d'un air pur et frais dans leurs maisons, malgré le fait que notre ville bat des records de pollution de l'air. Nos clients peuvent donc mieux respirer et mieux dormir.

Numéro trois : Tout ce qu'il vous faudrait faire, c'est de présenter notre purificateur d'air à cinq ou six familles par mois, afin qu'elles puissent sentir la différence. Vous les laisseriez ensuite décider. Environ la moitié des gens choisissent d'acquérir notre purificateur d'air sur le champ. Et ainsi, vous pourriez ajouter 500$ à vos revenus par mois.

Le reste vous appartient !

◇◇◇

Encore une autre similitude !

Prenez note de la façon dont nous emballons notre présentation avec des mots similaires à : « Et ainsi, vous pourriez ajouter _____ à vos revenus chaque mois. »

C'est une excellente façon d'indiquer à nos prospects que nous avons terminé notre présentation. Même si nous les avisons que tout sera terminé en moins d'une minute, la plupart sont sceptiques. Alors lorsque nous finalisons à l'intérieur d'une minute, ils sont sous le choc et... impressionnés !

De plus, cette phrase résume le bénéfice principal recherché par nos prospects en leur rappelant combien d'argent ils peuvent gagner. C'était l'objectif principal de notre présentation, n'est-ce pas ?

Vous avez l'anxiété de la première fois ?

Cela signifie tout simplement que nous sommes humains. Il est tout à fait normal de ressentir de la nervosité la première fois que nous le faisons.

Mais que se passe-t-il la seconde fois que nous utilisons notre présentation Minute ? Peut-être encore un peu nerveux.

La troisième fois ? On se sent mieux.

La quatrième fois ? Soulagés. C'était relativement facile !

La cinquième fois que nous le faisons ? Nous sommes enthousiastes de constater à quel point nos prospects apprécient notre présentation courte et sans détours.

Et la sixième fois ? Le processus semble si naturel. Nous pourrons bientôt le faire durant notre sommeil.

Durant la période de polissage de notre présentation Minute, souvenons-nous que :

1. Si notre présentation Minute est horrible, ça ne durera tout au plus qu'une minute.

2. La pire des présentations Minute est en général plus appréciée que la présentation parfaite de 30 minutes.

3. Si nous offrons une présentation Minute terrible, notre prospect se dira : « Wow, tu es terrible. Je peux faire bien mieux. Je vais être riche ! »

UN MOT À PROPOS DES APPELS À TROIS.

Vous aimeriez des suggestions concernant l'utilisation du téléphone ? Sachez d'emblée que je n'ai jamais aimé utiliser le téléphone. Il y a plusieurs dizaines d'années, à mes débuts, une blague courrait à mon sujet chez les leaders de mon équipe de soutien. Ils disaient à la blague : « N'utilisez jamais Big Al en appel à trois avec un prospect. Non seulement le prospect ne joindra pas, mais le distributeur abandonnera. »

Je ne pense pas être aussi mauvais. Cependant, encore aujourd'hui, je limite le temps investi au téléphone. Si nous appelons une référence, nous pourrions rester concis à l'aide d'une présentation Minute. Voici un exemple.

Distributeur : « Bonjour, est-ce monsieur Référence ? »

M. Référence : « Oui. »

Distributeur : « Votre nom m'a été donné par un ami à vous. Vous en avez de la chance car j'ai toute une opportunité pour vous. »

M. Référence : « N'entendez-vous pas que je suis en train de mâcher mon repas ? Je suis en plein souper. »

Distributeur : « Oh, désolé. Je peux vous faire une présentation complète, mais cela durerait certainement une bonne minute. Quand pourriez-vous m'accorder toute une minute ? »

M. Référence : « Il me faudra encore une minute environ pour mâcher et avaler ma bouchée. Allez-y maintenant pour ne plus jamais avoir à m'appeler. »

Plutôt merveilleux n'est-ce pas ? Même si nous sommes nuls au téléphone, la présentation Minute peut nous aider.

Revenons aux appels à trois.

Pourquoi faire des appels à trois dans nos équipes ?

Faire des appels à trois avec des prospects peut augmenter notre crédibilité. Lorsque nous sommes tout nouveaux, la présentation à nos prospects par une tierce partie a plus d'impact.

Naturellement, nous pouvons aussi le faire seul et se développer.

La raison principale d'utiliser les appels à trois avec nos nouveaux distributeurs est qu'ils ne savent pas comment expliquer correctement et clairement leur entreprise. Ils ne savent pas par où commencer et quand terminer... de parler. Dans le prochain exemple, nous pourrons mieux comprendre en quoi la présentation Minute peut aider.

Imaginez que vous êtes, comme moi, inconfortables avec les longues conversations téléphoniques. Un jour, un de vos distributeurs vous appelle et demande : « Hé, j'ai un super prospect sur la ligne avec nous. Dis-lui tout à propos de notre opportunité d'affaire. »

Ouch ! Aucune information sur le prospect et aucune préparation. Mais vous êtes son recruteur alors, vous plongez. Vous faites de votre mieux et vous dites : « Je peux vous faire une présentation complète, mais cela durerait certainement une bonne minute. Quand pourriez-vous m'accorder toute une minute ? »

Le prospect répond : « Maintenant. Faites-le tout de suite, par téléphone. »

Vous faites votre présentation Minute et vous terminez en disant : « Et le reste vous appartient. Laissez-moi quitter la ligne maintenant afin que vous puissiez discuter ensembles. Merci et au plaisir. »

Terminé.

À quoi songe le prospect ? « Ça n'était pas si difficile. Je pourrais apprendre à dire ça. »

À quoi songeait le distributeur ? « Désormais, inutile d'appeler mon recruteur. Je peux apprendre à dire ça. »

La présentation Minute est une excellente façon d'aider les nouveaux distributeurs à devenir compétents et autonomes rapidement.

À quoi ressemblerait une meilleure introduction lors d'un appel à trois ?

Nous sommes muets au début de l'appel. Le distributeur démarre la conversation avec son prospect en disant :

« Bonjour Jean. Je t'ai avisé au travail que je te mettrais en contact environ une minute par téléphone avec mon recruteur afin qu'il puisse te donner la même information que j'ai reçue. Tu pourrais toi aussi démarrer ton entreprise. Alors, voici mon recruteur... »

Il est facile de mettre quelqu'un au bout du fil pour nous écouter si nous promettons que ça ne durera qu'une minute. Cela facilite beaucoup les appels à trois.

Combien de temps faudra-t-il pour former un nouveau distributeur à la présentation Minute ?

Lorsque notre nouveau distributeur découvre la présentation Minute, il doit y plonger le plus tôt possible. Les appels à trois sont une excellente façon d'acquérir de l'expérience rapidement.

Nous pouvons appeler notre distributeur et dire : « Et bien, nous allons débuter maintenant. Fais une liste de cinq personnes que nous pourrions appeler demain soir. À 18h30, je serai au téléphone avec toi et je t'aiderai à faire ces appels. »

Le soir suivant, nous nous branchons par téléphone avec ce nouveau distributeur. Nous appelons le premier prospect, et le suivant, etc. Nous utilisons la présentation Minute pendant que le distributeur écoute.

À 19h00, dossier clos. Terminé.

Nous pouvons retourner devant le téléviseur. Notre nouveau distributeur peut retrouver sa douce moitié et dire : « Devine quoi ? J'ai terminé pour ce soir. Des cinq appels que nous avons faits, trois étaient à la maison et ont répondu au téléphone. Une personne désire se joindre à nous. »

La présentation Minute est un outil efficace pour développer notre entreprise sans devoir passer des heures au téléphone.

EST-CE TOUJOURS AUSSI FACILE ?

« Est-ce toujours aussi facile ? Nous faisons des présentations Minute et les prospects nous lancent leur argent ? »

À la fin de notre présentation Minute, nos prospects ont trois options :

Choix #1 : Je souhaite joindre ton entreprise.

Choix #2 : Je ne souhaite pas joindre ton entreprise.

Choix #3 : Ton entreprise semble intéressante, mais j'ai une question ou deux.

Ça n'est pas si compliqué.

Alors comment doit-on gérer ces choix dans la vraie vie ?

Choix #1 est facile. Ils souhaitent joindre. Nous les enrôlons. Terminé.

Choix #2 facile aussi. Ils ne sont pas intéressés. Nous poursuivons notre conversation en changeant de sujet.

Choix #3 requiert que nous poursuivions notre conversation. Nos prospects ont des questions, et nous devons répondre à ces questions.

Répondre aux questions.

Voici notre philosophie à propos des questions.

1. Lorsque nos prospects posent des questions, c'est qu'ils désirent joindre notre entreprise. Pensez-y. Si nos prospects n'étaient pas intéressés, pourquoi demanderaient-ils des informations supplémentaires ?

2. La politesse élémentaire requiert que l'on réponde aux questions de nos prospects le plus clairement possible.

3. Si nos réponses les disqualifient, c'est parfait. Ça n'est pas pour eux, du moins pour le moment. Cela est juste et bon.

Ce sera agréable et facile.

Notre travail est de répondre aux questions de nos prospects aussi honnêtement et directement que nous le pouvons. Nous n'avons pas à apprendre des techniques avancées de manipulation, d'analyses neurolinguistiques et de programmation. Nous répondons à leurs questions. Nos prospects sont adultes. Ils peuvent choisir ce qui convient et ce qu'ils souhaitent dans leurs vies.

Quels types de questions poseront nos prospects ?

Jetons un œil à quelques questions fréquentes. Veuillez noter que les réponses à ces questions sont simples.

Pouvons-nous apprendre de nouvelles façons de répondre éventuellement ? Bien sûr. Si elles sont honnêtes et directes, tout sera parfait.

Question : « Euh… Quel est le nom de ta compagnie ? »

À cette question, nous répondons avec le nom de notre compagnie. Terminé. Notre prospect peut alors passer à une autre question. Ou, peut-être, notre réponse repoussera notre prospect. Nos prospects négatifs diront : « Oh, je ne peux pas me joindre à une compagnie dont le nom débute par une voyelle. Les voyelles sont diaboliques. »

Terminé.

Nul besoin pour nous de poursuivre. Passons à un autre sujet. N'est-ce pas un soulagement ? Nous n'avons pas à tenter de renverser sa décision en disant : « Et bien, le nom de quelques uns de nos produits débute par des consonnes, tout ne commence pas par des voyelles. Et j'ai eu ouï-dire qu'un nouvel alphabet serait bientôt lancé. »

Nos prospects, tout comme nous, doivent faire des choix. Nous ne pouvons nous rendre responsables de leurs choix et de l'impact que ces choix auront sur leurs vies.

Question : « Combien faut-il investir pour démarrer ? »

Nous jouons cartes sur table. Notre réponse pourrait ressembler à :

« 99$ pour devenir membre. C'est ce qu'il faut pour te mettre sur les rails, t'inscrire, etc. Ensuite, tu peux acheter autant de produits que tu le souhaites. »

Ou nous pourrions répondre : « Ça n'est pas comme ouvrir un magasin au centre commercial. Tu n'auras pas à débourser 50,000$ et négocier une seconde hypothèque sur ta maison. Il en coûte 999$ pour démarrer, ce qui inclut ta formation et notre anneau de décodage secret. »

Inutile de cacher les frais. Toute personne sérieuse désirant démarrer une entreprise sait qu'il faudra investir un minimum d'argent. Alors dites-leur maintenant. Combien de temps croyez-vous pouvoir garder le secret de toute façon ? Ils ne seront pas impliqués dans votre entreprise durant trois ou quatre années pour se rendre compte soudainement que : « Oh, alors c'est ça qu'il en coûte pour démarrer ! »

Et que faire si notre prospect réagit à notre réponse en s'exclamant : « Hors de question ! Tu es cinglé ? Pourquoi devrais-je investir autant pour démarrer ? Je peux acheter une franchise de restauration rapide pour 49$. » Ce prospect n'est probablement pas l'entrepreneur de génie que nous souhaitons voir à la tête de nos équipes. C'est le moment de changer de sujet.

Vous pourriez vous demander : « Pourquoi ne disons-nous pas d'emblée combien il en coûte à notre prospect dans la présentation Minute ? »

Bonne question. Et bien, nous pourrions inclure cette information dans notre présentation. Il y a plusieurs autres choses que nous pourrions aussi inclure dans notre présentation mais considérez ceci. Si notre prospect ne manifeste pas d'intérêt envers notre entreprise, pourquoi l'ennuyer avec une information secondaire comme les frais de démarrage. C'est une information qui n'est pas primordiale dans la présentation minute.

Et si notre prospect désire faire partie de notre entreprise suite à la présentation Minute, il demandera rapidement combien il en coûte pour démarrer.

Question : « Et bien, combien d'argent as-tu fait jusqu'à maintenant ? »

Il y a des lois qui interdisent d'appâter des prospects avec de gros chiffres dans plusieurs pays alors, même si nous avions déjà amassé des revenus substantiels, nous ne serions pas autorisés à les dévoiler aux prospects. Mais imaginons que nous sommes tout nouveaux et, que nous avons gagné à ce jour... zéro$. Nous n'avons pas encore reçu notre premier chèque. Que pourrions-nous répondre à cette question ?

« Je n'ai rien gagné pour l'instant. C'est une entreprise, pas un emploi. Je crois pouvoir générer des revenus significatifs dans six mois environ. J'utiliserai alors cet argent pour m'offrir une croisière. Je me demandais si tu souhaiterais te joindre à moi pour développer ta propre entreprise, ou pas. Nous pourrions mériter cette croisière ensembles. Si tu n'es pas intéressé, pas de problème. Tu pourrais par contre me donner ton adresse postale ? J'aimerais t'envoyer une carte postale de là-bas. »

Les questions sont faciles.

Répondons aux questions de notre mieux. Plus tard, nous serons encore plus efficaces, mais pour l'instant, détendons-nous. Être honnête et direct est notre meilleure option.

Nous pourrions donner plusieurs autres exemples, mais les réponses sont toujours les mêmes. Honnêtes, simples, directes, sans détour.

Seuls les gens intéressés posent des questions alors, accueillons chaleureusement les questions.

Si nos prospects ne sont pas intéressés, nous leur offrons la chance de dire « non » en fermant notre présentation Minute. Vous vous souvenez de ces formules pour conclure en douceur ?

1. Et bien, qu'en penses-tu ?

2. Et c'est tout.

3. Et le reste t'appartient.

Les prospects peuvent dire « non » à ce moment, et nous n'avons pas à nous soucier d'une quelconque question.

Mais qu'en est-il des objections ?

Les prospects créent des objections basées sur ce que l'on dit ou ce que l'on fait. Si nous corrigeons le tir, nous allons générer moins d'objections, voire même pas du tout.

Sceptique ? Voici un exemple.

Un prospect marche dans la rue. Soudainement, il lève ses bras dans les airs et crie avec hystérie: « C'est une pyramide ! »

Et bien, vous savez comme moi que ça n'arrive pas dans la vraie vie. L'objection de la pyramide est générée par quelque chose que nous avons dit ou fait durant notre présentation.

Réfléchissons aux objections. La plupart de celles que nous avons rencontrées par le passé ont disparues ou, peuvent être évitées en modifiant quelque chose dans notre présentation. Plusieurs objections sont aussi utilisées par les prospects comme prétexte pour quitter en douce la conversation.

Ceci dit, avec la présentation Minute, nous leurs offrons plusieurs occasions de quitter la conversation. Il leur est donc inutile de pondre une objection ridicule pour s'éclipser.

Alors, on peut relaxer. Nous n'aurons pas à mémoriser des réponses pour la plupart des objections qui hantent notre passé.

Et, toujours du coté positif de la balance, moins d'objections feront éruption parce que nous sommes en situation de conversation avec nos prospects. Nous ne sommes pas investis dans une présentation de vente de 30 minutes où ils se sentent pris au piège.

Rappelez-vous. La plupart des objections habituelles disparaîtront. Pourquoi ? Parce que nous avons avisé nos prospects que notre présentation ne durerait qu'une minute. Notre prospect se dit alors : « Inutile de te lancer une objection, parce qu'il te faudrait probablement plus d'une minute pour y répondre. Vas-y, fais ta présentation Minute maintenant. »

ÉTIRONS UN PEU NOTRE PRÉSENTATION MINUTE.

Lorsque nous parlons de revenus plus élevés, nous devons expliquer aux prospects ce qu'ils devront faire d'une manière différente. Nous pouvons faire preuve de créativité.

Souvenez-vous, la présentation Minute est conçue pour donner aux prospects une vue d'ensemble. Nous voulons leur permettre de prendre une décision préliminaire :

1. « Oui, je désire joindre. »

2. « Non, je ne désire pas joindre. »

3. « J'ai quelques questions. »

Nous n'avons pas à inclure tous les détails et exceptions pour chaque point traité dans notre présentation. À cette étape, les prospects souhaitent déterminer s'ils désirent poursuivre la conversation ou pas.

Donnons à nos prospects ce qu'ils recherchent dans l'immédiat. Plus tard, ils nous demanderont peut-être toute l'information que nous brûlons d'envie de leur transmettre. Mais pas maintenant.

Comment pouvons-nous décrire des revenus plus élevés ?

Nous allons débuter avec un exemple brut, pour ensuite le polir.

◇◇◇

Si vous souhaitez gagner 5000$ de plus par mois, vous devez faire des trois choses.

Numéro un : Ne changez pas. Continuez à recommander et promouvoir les choses que vous aimez comme votre breuvage favori ou, vos activités de la fin de semaine.

Numéro deux : Nous sommes dans le domaine des animaux de compagnie. On comble les propriétaires d'animaux domestiques en aidant leurs petites bêtes à vivre plus longtemps. Nous y arrivons en leur donnant accès à des suppléments spéciaux et une nourriture exclusive pour leurs animaux de compagnie.

Numéro trois : Tout ce que vous devez faire, c'est de dénicher quatre ou cinq leaders qui développeront une petite équipe de distributeurs passionnés par les animaux de compagnie. Enseigner à ces leaders à former leurs distributeurs sur la façon d'aborder les propriétaires d'animaux de compagnie. Et s'ils font bien leur travail, dans moins d'un an, vous pourriez gagner 5000$ de plus par mois.

Et bien, qu'en dites-vous ?

◇◇◇

Techniquement, cette présentation explique notre entreprise. Mais lorsque nous décrivons l'étape trois – ce qu'ils doivent faire pour gagner cet argent – notre explication est plutôt maladroite et confuse. Comment être plus efficace ?

Revenons à l'objectif de la présentation Minute. Nous souhaitons fournir à nos prospects un certain niveau de compréhension de ce que nous faisons. Nous ne voulons pas tout expliquer dans les micro- détails. Alors existe-t-il une meilleure façon de décrire l'étape trois dans l'exemple plus haut ?

Regardons avec les yeux du prospect. Nous lui avons demandé de dénicher quatre ou cinq leaders. Ils n'a aucune idée de ce qu'est un leader. Ce que nous avons dit est exact, mais notre prospect ne saisira pas. Y aurait-il une autre façon d'expliquer le mot leader que notre prospect pourrait saisir ?

Ça n'est pas tout. On lui a aussi demandé de développer une petite équipe de distributeurs. Pour l'instant, il ne sait peut-être même pas ce qu'est, et ce que fait un distributeur. Encore une fois, nous semons en lui la confusion.

Pour clarifier ces ambiguïtés, nous allons d'abord décrire le leader comme étant quelqu'un qui « ressent » la même chose que nous. Quelqu'un qui adore les animaux de compagnie et, qui désire combler leurs propriétaires en prolongeant et en améliorant la qualité de vie de leurs animaux. C'est tout ce qu'ils doivent comprendre et savoir à cette étape de leur processus de décision.

Voici comment s'articulera l'étape trois de cette présentation Minute maintenant.

« Tout ce que vous devez faire, en commençant par vous, puis tous les gens à qui vous parlerez, et tous les gens à qui ils parleront, encore et encore, ce sera de trouver quatre ou cinq personnes qui ressentent la même chose que vous. Des personnes qui adorent leurs animaux et, qui aimeraient gagner un revenu temps plein en aidant les animaux à vivre plus en santé, plus longtemps. »

Qu'avons-nous fait ?

Nous avons décrit à nos prospects qu'ils n'auraient qu'à trouver quatre ou cinq personnes qui « ressentent » la même chose qu'eux. Et ils n'ont pas à trouver ces quatre ou cinq personnes tout de suite. Ils peuvent le faire à leur rythme.

Ceci dit, ces quatre ou cinq personnes qui ressentent la même chose qu'eux seraient des leaders ou, du moins, des leaders potentiels. Ces gens sont emballés à l'idée de partager la mission d'aider les animaux à vivre plus longtemps.

S'ils avaient quatre ou cinq leaders dans leurs équipes, ils devraient gagner au moins 5000$ par mois. Voilà une explication que nos prospects peuvent comprendre. Alors voyons à quoi cela pourrait ressembler dans une présentation Minute.

◇◇◇

Si vous souhaitez gagner 5000$ de plus par mois, vous devez faire des trois choses.

Numéro un : Ne changez pas. Continuez à recommander et promouvoir les choses que vous aimez comme votre breuvage favori ou, vos activités de la fin de semaine.

Numéro deux : Nous sommes dans le domaine des animaux de compagnie. On comble les propriétaires d'animaux domestiques en aidant leurs petites bêtes à vivre plus longtemps. Nous y arrivons en leur donnant accès à des suppléments spéciaux et une nourriture exclusive pour leurs animaux de compagnie.

Numéro trois : Tout ce que vous devez faire, en commençant par vous, puis tous les gens à qui vous parlerez, et tous les gens à qui ils parleront, encore et encore, ce sera de trouver quatre ou cinq personnes qui ressentent la même chose que vous. Des personnes qui adorent leurs animaux et, qui aimeraient gagner un revenu temps plein en aidant les animaux à vivre plus en santé, plus longtemps.

Et c'est ainsi que vous pourriez gagner 5000$ de plus par mois.

Alors, qu'en dites-vous ?

◇◇◇

Notre objectif est de décrire notre entreprise clairement. La plupart du temps, trop d'information sème la confusion chez nos prospects, créant une explication confuse qui ne rend pas service aux prospects.

Regardons un autre exemple.

◇◇◇

Si vous souhaitez ajouter 5000$ à vous revenus chaque mois, vous devriez faire ces trois choses.

Numéro un : Ne changez pas. Continuez à recommander et promouvoir les choses que vous aimez, telles que votre musique préférée ou votre marque de voiture favorite.

Numéro deux : Nous sommes dans le domaine des vitamines. La plupart des gens désirent prendre des vitamines mais ne savent pas lesquelles prendre ou, ne veulent pas gaspiller leur argent. Nous les aidons à déterminer lesquelles feront une différence pour leur santé afin de leur éviter de perdre leur argent.

Numéro trois : Tout ce que vous devriez faire c'est, quelque part au cours de votre vie, trouver quatre ou cinq personnes qui se passionnent aussi vous pour la nutrition et leur montrer comment ils peuvent, comme vous, développer leurs entreprises à temps partiel en aidant les gens coté nutrition. Vous n'auriez pas à trouver ces quatre ou cinq personnes tout de suite. Vous pourriez le faire à votre rythme. Une par semaine, une par mois, une par année. Et c'est à ce moment que vous aurez ajouté 5000$ à vos revenus par mois.

Alors, qu'en dites-vous ?

◇◇◇

Trouver quatre ou cinq personnes qui se passionnent pour la nutrition. Ça semble atteignable. Et il n'y a pas d'échéancier. Cela donne aux prospects une idée claire de ce qu'ils doivent faire pour gagner 5000$ par mois.

Que puis-je faire d'autre ?

Décrire de plus gros revenus est une des possibilités d'ajuster nos présentations Minute.

Si notre compagnie offre un boni voiture, nous pourrions l'intégrer aussi.

Si notre compagnie offre des vacances de rêve en prime, nous pourrions ajouter ça aussi.

Nous pourrions inclure ces avantages dans l'étape trois ou, nous pourrions inclure ce ou ces autres bénéfices dans une étape additionnelle. Voici quelques exemples.

◇◇◇

Numéro trois : Tout ce que tu dois faire c'est, quelque part durant ta vie, trouver quatre ou cinq personnes qui ont la passion d'aider les autres à mettre de l'ordre dans leurs finances. Et enseigner à ces personnes comment l'utilisation de l'assurance et des fonds mutuels peut aider la famille moyenne à s'en sortir.

Numéro quatre : Trouve quelques gardiennes parce que, non seulement 5000$ de plus s'ajouteront à tes revenus par mois, mais la compagnie t'offrira aussi des vacances, toutes dépenses payées, au moins une fois par année.

Et le reste t'appartient.

◇◇◇

Insérons maintenant le boni voiture.

◇◇◇

Numéro trois : Tout ce que vous devez faire c'est, quelque part au courant de votre vie, dénicher quatre ou cinq personnes qui souhaitent développer un bon revenu à temps partiel ou encore, un revenu temps plein. Vous leur montrerez comment ils peuvent gagner cet argent en aidant leurs voisins et amis à épargner de l'argent sur leurs services. Et c'est ainsi que vous ajouterez 5000$ à vos revenus chaque mois.

Numéro quatre : Vendez votre voiture car vous devrez libérer le stationnement pour la voiture neuve qu'offre notre compagnie à ses représentants impliqués.

Et le reste vous appartient.

◇◇◇

Que diriez-vous d'une autre présentation pour des produits de perte de poids ? Nous allons nous amuser avec celle-ci.

◇◇◇

Numéro trois : Tout ce que tu dois faire c'est, quelque part au cours de ta vie, trouver cinq personnes en surplus de poids qui souhaitent le perdre, ne pas le reprendre, et parler à tout le monde de leur succès. Trouver des gens qui font de l'embonpoint est simple. Ils sont difficiles à manquer. Mais nous devrons nous assurer qu'ils sont sérieux dans leur démarche de perte de poids.

Numéro quatre : Tu devras reprendre tes photos de passeport et de permis de conduire parce qu'on ne te reconnaîtra plus. Et tu devras prendre une heure ou deux par mois pour magasiner de nouveaux vêtements qui conviendront à ton nouveau corps. Avec 5000$ de plus par mois dans ton compte, magasiner sera plutôt amusant !

Et le reste t'appartient !

◇◇◇

Restons simples. Nous ne voulons pas dire aux prospects :

« Et tout ce que tu dois faire, c'est de trouver 20 clients qualifiés, chacun utilisant trois services sur deux générations dans tes trois premières générations. Chacune de tes positions primaires devra être composée de deux autres personnes qui dupliquent la même chose en s'inscrivant avec le formulaire A-14. »

Bon, nous ne sommes peut-être pas aussi mauvais, mais trop souvent nos explications sont énigmatiques pour nos prospects.

Si nous sommes clairs, et si nos prospects sont intéressés, nous pourrons dévoiler graduellement tous les petits détails concernant notre entreprise.

POURQUOI LES DISTRIBUTEURS NE FONT PAS DE PRÉSENTATIONS.

Voici quatre raisons pourquoi les distributeurs ne présentent pas leurs entreprises à leurs marchés chauds. (les gens sur leurs listes de noms)

1. Ils ne comprennent pas le fonctionnement de leurs programmes. Nous leur avons offert une explication trop complexe à l'origine.

2. Ils ne savent pas comment présenter leurs entreprises. Ils n'ont pas assisté à une formation. Ils n'ont jamais été formés pour la vente.

3. Ils ont peut du rejet. Ils pensent qu'une présentation est une proposition gagnant-perdant. Nous devions les aviser que notre mission est d'offrir aux prospects une autre option dans leurs vies.

4. Ils n'ont pas foi en notre industrie. Ils croient que pour réussir, on doit devenir des vendeurs à pression et, ils savent que leur parents et amis ne souhaitent pas être soumis à ça.

Vous voulez solutionner ces quatre problèmes ?

Développons des présentations simples. Nous recommandons la présentation Minute aux nouveaux distributeurs.

- Une présentation simple est claire et facile à comprendre pour le prospect, et le distributeur.
- Une présentation simple est facile à apprendre et ne requiert pas une formation de trois heures.
- Une présentation simple contribue à éliminer le rejet. Le nouveau distributeur n'activera pas l'alarme anti-vendeur chez son prospect si sa présentation ne dure qu'une minute.
- Et finalement, il est plus facile de croire en notre programme si nous constatons qu'il est facile à expliquer pour tout le monde.

La présentation Minute solutionne ces quatre problèmes. En fabriquant nos présentations avec les points pertinents seulement, tout le monde s'en porte mieux. Si nos prospects sont intéressés, ils peuvent obtenir plus de détails sur le champ ou, lors de leur première session de formation. Ce qui compte, c'est que le désir d'obtenir plus information devient le choix du prospect, et non pas le nôtre.

La plupart des prospects sont comblés par la formule courte et synthétisée de la présentation Minute.

Nous pouvons utiliser la présentation Minute partout !

Cette présentation courte permet de parler à un prospect dans toutes les situations. Nous n'avons pas besoin de livret de présentation, de diaporama Power Point, ni même de papier et crayon. Nous pouvons donc offrir des présentations partout, et tout temps.

Jetons un œil à quelques endroits où notre présentation Minute pourrait être une option convenable.

1. Lorsque nous cueillons nos enfants à l'école, nous n'avons le temps de nous asseoir avec les autres parents et faire des présentations avec notre catalogue.

2. Nous attendons notre table au restaurant. L'hôtesse nous demande : « Peu de gens nous visitent à quatre heures de l'après-midi. Quel type de travail faites-vous ? »

3. Nous faisons un appel à trois avec un prospect qui répond : « Je suis occupé avec ma petite famille en ce moment. De quoi s'agit-il ? »

4. Nous sommes dans la file d'attente à la banque. Le couple devant nous démarre une conversation et demandent : « Dans quel type d'entreprise êtes-vous ? »

5. Sur notre vol de retour, la personne assise à coté de nous dit : « Vous semblez si heureux. Dans quel domaine travaillez-vous ? »

6. Nous invitons un cousin à la présentation d'affaire locale. Notre cousin hésite et demande : « Dis-moi d'abord de quoi il s'agit. Je ne veux pas perdre ma soirée à écouter une présentation sur quelque chose qui ne m'intéresse pas. »

7. À la machine à café au bureau, votre meilleur ami vous lance : « Ouais, j'aimerais peut-être développer cette opportunité avec toi. Mais avant, donne-moi un peu d'information sur cette entreprise. »

8. Lorsqu'on ne veut pas faire des suivis à répétition avec les prospects qui répondent, en général : « Oh, je n'ai pas encore eu le temps de regarder la documentation et la vidéo. » La présentation Minute génère des décisions… immédiates.

Utilisons notre imagination. Dès que nous nous sentons un peu timides, ou que nous désirons éviter d'être perçu comme un vendeur à pression, la présentation Minute est excellent option. Plus jamais on ne paniquera en se questionnant : « Par quoi je commence ? Est-ce que je lui donne une carte d'affaire et je me sauve ? Est-ce que je lui montre la nouvelle vidéo de la compagnie ? Est-ce que je lui laisse un peu de documentation ? Est-ce que je parle de mes produits ? Est-ce que j'appelle mon recruteur ? »

Nous pouvons raconter toute l'histoire en moins d'une minute. Pas de rejet. Just des faits. Et aucune pression sur les deux parties. Quel soulagement !

DEVRAIS-JE UTILISER LA PRÉSENTATION MINUTE EN TOUT TEMPS ?

Non. La présentation Minute n'est qu'une façon de présenter notre opportunité. Elle n'est pas l'unique façon.

On se demande peut-être : « Attendez une minute. Si nous pouvons faire une présentation complète en une minute, pourquoi les soirées de présentations d'affaire sont si longues ? » Bonne question.

Voici pourquoi. Imaginez que la rencontre de ce soir démarre à 20h. Notre invité doit faire une heure de route pour y assister et une autre heure pour retourner à la maison. Nous démarrons le meeting. Il ne dure qu'une minute. Comment se sent notre invité ? Plutôt frustré. Et comment se sentirait notre invité s'il arrivait une minute de retard au meeting ? Extrêmement frustré.

Les prospects anticipent une durée minimale lorsqu'ils se pointent à une présentation d'affaire. Nous devrons donc faire du remplissage pour étirer notre meeting. :)

Nous pouvons combler ces minutes avec des témoignages, un Power Point et décortiquer le plan de rémunération.

Et à propos des ingénieurs et des comptables ?

Ils pourraient bien vouloir toute l'information et tous les détails. Ne rassasiez pas leur soif d'information dès le départ. Offrez-leur d'abord la présentation Minute.

Ils auront alors deux choix :

1. Pas intéressé.

2. Plus de détails.

S'ils ne sont pas intéressés, nous avons terminé. Un temps très précieux épargné pour vous et pour eux.

Et s'ils désirent plus de détails, installons-nous confortablement car nous pourrions devoir répondre à leurs questions et expliquer les moindres détails jusqu'aux petites heures du matin.

Utilisons notre jugement.

En résumé ? Nous voulons faire de notre mieux pour aider nos prospects. La présentation Minute est une façon efficace de faire une présentation, mais elle n'est pas la seule façon.

Cela dit, nous pourrions bientôt découvrir que la présentation Minute est notre façon favorite d'expliquer ce qu'on fait.

Quelques avantages de la présentation Minute.

1. Nous n'avons pas besoin de fournir aux prospects des documents à rapporter à la maison.

2. Nos prospects n'ont pas à fouiller de sites web avec des centaines d'hyperliens.

3. Personne n'est forcé de s'asseoir pendant une heure ou deux pour écouter une présentation, à moins d'avoir choisi de le faire.

4. Si nos prospects disent « oui » à notre présentation Minute, la présentation d'affaire deviendra en fait leur première séance de formation.

5. Nous pouvons maintenant dire aux gens en quoi consiste notre entreprise directement au téléphone. Adieu cachotteries.

6. Nous pouvons répondre aux trois questions fondamentales de nos prospects rapidement :

   Question #1 : « Dans quel type d'entreprise êtes-vous ? »

   Question #2 : « Combien d'argent puis-je y faire ? »

   Question #3 : « Que dois-je faire pour gagner cet argent ? »

7. Personne n'est obligé d'écouter les vidéos corporatives ennuyantes.

8. Lorsqu'un prospect nous appelle, plus besoin d'être évasifs. Nous pouvons répondre honnêtement, rapidement et clairement. Notre prospect appréciera.

9. La présentation Minute peut être une excellente façon de clore une présentation d'affaire ou une présentation maison. Les prospects apprécient une vue d'ensemble claire.

10. Elle nous aide à prévenir les absences. Beaucoup de prospects ne se présentent pas à leurs rendez-vous ou aux présentations d'affaire. En faisant une présentation Minute au préalable, nous éliminons toute peur de l'inconnu chez nos prospects. Ils sont alors plus enclins à respecter leur parole.

11. Nous n'avons pas à attendre 45 minutes pour obtenir une décision. Nous pouvons avoir un « oui » ou un « non » à l'intérieur d'une minute.

12. Fini les conversations téléphoniques interminables. Nous pouvons en arriver aux faits rapidement et efficacement avec nos prospects.

FINALEMENT...

« Je peux te faire une présentation complète, mais cela durerait certainement une bonne minute. Quand pourrais-tu m'accorder toute une minute ? »

Donnons vie à ces deux phrases maintenant.

Pourquoi ?

Parce que si nous n'utilisons pas ces deux phrases magiques, nous serons condamnés à une vie de stress et de rejet en tentant de faire entendre notre présentation aux prospects.

Et si nous ne répondons pas convenablement aux trois questions fondamentales de nos prospects, ils ne comprendront jamais comment et à quel point le marketing relationnel peut changer leurs vies.

Bon recrutement !

MERCI.

Merci d'avoir acheté et d'avoir lu ce livre traitant de quelques unes des techniques de motivation utilisées en marketing relationnel. J'espère que vous y avez trouvé quelques idées qui fonctionneront aussi pour vous.

Avant de vous laissez, accepteriez-vous de me faire une petite faveur ? Pourriez-vous prendre une toute petite minute pour rédiger une phrase ou deux afin d'évaluer ce livre en ligne ? Votre évaluation aidera d'autres entrepreneurs à choisir leur prochaine lecture. Ces commentaires sont grandement appréciés des autres lecteurs.

BIG AL WORKSHOPS

Ce livre est dédié aux gens de marketing de réseau de partout.

Je voyage de par le monde plus de 240 jours chaque année. Laissez-moi savoir si vous souhaitez que tienne une formation (Big Al Training) dans votre secteur.

→ **BigAlSeminars.com** ←

D'AUTRES LIVRES DE BIG AL BOOKS

Les Quatre Couleurs de Personnalités
Et Leur Langage Secret Adapté Au Marketing
de Réseau

Les BRISE-GLACES !
Comment amener n'importe quel prospect à
vous supplier de lui faire une présentation !

**Comment établir instantanément Confiance,
Crédibilité Influence et Connexion !**
13 façons d'ouvrir les esprits en s'adressant
directement au subconscient

**PREMIÈRES PHRASES pour Marketing
de réseau**
Comment mettre les prospects dans votre
poche rapidement !

**La liste complète à :
BigAlBooks.com/French**

À PROPOS DE L'AUTEURS

Keith Schreiter cumule plus de 20 années d'expérience en marketing relationnel et à paliers multiples. Il enseigne aux réseauteurs comment utiliser des systèmes simples pour ériger une entreprise stable et en perpétuelle croissance.

Alors, vous avez besoin de plus de prospects ? Souhaitez-vous que vos prospects s'impliquent plutôt que de tourner en rond ? Vous aimeriez savoir comment engager votre équipe et la maintenir en mouvement ? Si ce sont les types de compétences que vous aimeriez maîtriser, vous adorerez son style « ABC - guide pratique. »

Keith donne des formations et conférences aux États-Unis, au Canada et en Europe.

Tom « Big Al » Schreiter possède plus de 40 ans d'expérience en marketing de réseau et marketing à paliers multiples. En tant qu'auteur des livres classiques de formation « Big Al » publiés à la fin des années '70, il a depuis offert des conférences et ateliers dans plus de 80 pays sur comment utiliser des mots et des phrases précises pour entrer dans la tête des prospects, ouvrir leur esprit et leur faire dire « OUI ».

Sa passion réside dans les idées marketing, les campagnes promotionnelles et les techniques pour s'adresser au subconscient de façon simple et efficace. Il est toujours à l'affut des phénomènes et campagnes marketing innovatrices qui fournissent bien souvent de nouvelles clés.

En tant qu'auteur de nombreuses formations audio, Tom est un orateur très prisé dans les conventions annuelles et les événements régionaux.

www.ingramcontent.com/pod-product-compliance
Lightning Source LLC
Chambersburg PA
CBHW071654210326
41597CB00017B/2209